选谁接班？

——控股家族目标驱动下的中国民企经营接班人选研究

朱建安 著

ZHEJIANG UNIVERSITY PRESS
浙江大学出版社

资助方

本研究得到浙江省自然科学基金资助(项目编号:LY17G020012)。本书也得到浙江省哲学社会科学规划项目(批准号:17NDJC031Z)与杭州市哲学社会科学重点研究基地——企业社会责任与可持续发展研究中心支持。

作者简介

朱建安,经济学博士,副教授,浙江大学城市学院创业与家族企业研究中心主任,应用经济系主任,学术兼职有中国民营经济研究会家族企业委员会学术顾问,浙江大学管理学院企业家学院研究员。

从中国经济可持续发展的高度
看民营企业接班人选择

　　长期关注中国的美国人类学家葛希芝博士对于宋朝开始兴起的民间小资本主义生产模式推崇备至,认为那些以家庭和家族为单位的农业和手工业者能面向广阔的中国市场展开激烈竞争,历经各代生生不息成为中国传统社会的永恒发动机(Gates,1997)。应该说,改革开放的近四十年来,这种家庭为核心的生产方式焕发了史无前例的生命力,构成了中国民营经济的坚强韧性(陈凌,2012)。当前,最早的一批创业家庭正面临传承、企业转型以及新生代创业的历史多重奏。找谁接班从来就不是独立的问题,而是与第一代企业家无法延续既有盈利模式有关,也与二代更喜欢在"大众创业,万众创新"浪潮里自由搏击的时代背景有关。"传给谁"的问题与"传什么"、"如何传"密不可分。

　　学术界对于传给谁的问题讨论不多,尤其是在中国。《中国家族企业发展报告2011》指出民营企业依然把"子承父业"看作是天经地义的第一选择,这种观念随着第一代企业家的逐步老去而更为显著,"传给谁"似乎不是问题(中国民私营经济研究会家族企业研究课题组,2011)。真是这样吗?娃哈哈集团宗庆后凭借自己的观察,认定民营企业家自己的子女一大半不会接班,因为国外留学回来后眼界兴趣点不一样,不会再从事单纯的制造业。"家业"完全可以由管理层团队接班。有一定的相似性,几年前美国花旗银行委托的一项针对新加坡、马来西亚、印度和韩国中小企业的调查结果显示,打算把企业传给孩子的只占27.7%

（陈凌、朱建安，2012）。将家族企业理论应用到中国时应注意适用性问题，同时中国的学者们可以得益于这种特殊的情境，为填补既有西方家族企业的概念、理论和实证研究的"空白"做出理论性的贡献。中国的家族企业嵌入于政府与市场资源配置方式并存的制度转型背景和以差序格局为核心的泛家族主义文化，会产生有别于西方企业的家族意愿、非经济目标、组织结构和治理模式（朱建安、陈凌，2014）。这些制度情境对于研究中国民营企业领导人的传承换代至关重要。

在公司治理的研究领域，伯利与米恩斯早年乐观地认为分散股权结构下专业经理人士所控制的企业是大势所趋，属于时代变迁的一个部分。钱德勒有明显的倾向性，他认为传统组织不具有两权分离的专业性，不像支薪经理控制的现代工业企业那样能够登堂入室。但事实上时至今日，仍然有非常多的私营企业、公众公司继续由家族成员经营。亚洲和欧洲上市公司股权相对集中，多数可以追溯到家族，由家族派出 CEO 或者由与家族关系密切的人士出任 CEO 仍然普遍。正如本书提到，即便是股权相对分散、入选美国标普 500 的上市公司，大约有三分之一的新任 CEO 是与创业者、大股东或者离任 CEO 有血缘或者姻亲关系（Pérez-González，2006）。从我国上市公司数据看，创始人离任后由家族成员接掌其权力结构的仍然占到 28%（何小刚等，2011）。但是，从家族后代成员接管企业的实证数据看，雇亲属担任 CEO 的企业生产率更差，子女从一代创业者手里接任 CEO 后企业绩效下降明显，股权相对分散的大型企业由家族 CEO 接任尤为不利，无论在新加坡，还是在中国台湾、中国香港，子承父业都有显著的财富损失。本书的作者、我的博士研究生朱建安抓住了这个理论与真实世界的不一致性，想从学理上做出解释。根据双环理论，家族企业兼具家族和企业双重特色，既有家族为中心的目标，也有企业为中心的目标。家族企业有别于创始人经营的创业企业，就是体现在雇佣家族成员、家族牢牢控制企业、跨代传承等等方面。按照朱博士的思路，控股家族的目标是解开理论与真实世界不一致性的突破口。他的这本著作从控股家族非经济目标解释为什么有的企业宁愿接受企业绩效下降的经济后果仍然要雇佣家族成员担任 CEO 的实践问题。

我们研究团队一直关注和从事家族企业聘任与薪酬激励的研究，韩朝华和我曾经利用 17 家浙江民营中小企业的调研实现了当时从"传子传贤"的定性讨论到实证分析的跨越,后来我们团队借助早年数据分析了家族企业高管的聘任和激励研究,郭萍博士后以山西票号为例对家族企业聘任职业经理人的案例研究。在十多年后、传承更为紧迫的今天一以贯之地在这个领域继续研究显得更有意义。当然,找谁接班是一个复杂的问题。与行业的竞争程度有关,也与家族子女的能力有关,还与制度环境有关,可能与公司治理现状也是密不可分。我相信朱博士对家族企业聘任的研究只是他家族企业研究的一个前期成果,这个研究仍然有很多有趣的议题需要讨论。

陈　凌

浙江大学管理学院教授、博士生导师

2017 年 8 月于浙大紫金港校区启真湖畔

　　虽然家族企业曾经在中国一度消失，但是"家族主义"、"泛家族主义"事实上从来没有离开过中国。一旦有了足够的政策土壤，创业者依托家庭和家族资源的商业创新，就迅速成为我国民营企业创业的主流模式。改革开放以来，中国民营企业的创业高峰有以下三波：第一波是 20 世纪 80 年代初，以温州为代表的农民率先将家庭联产承包责任制中的劳动力解放出来，在国有企业的夹缝中寻找全国市场机会；第二波是 1992 年邓小平南方谈话之后的创业高潮，政治束缚一旦解脱，家庭作坊式工厂敢于直面国企与外企的竞争，成为中国增量经济的主力，也是后来加入 WTO 之后经济全球化的重要参与力量；第三波是"全民创业、万众创新"的近几年，政府通过简政放权、商事制度改革等多项措施改革阻碍创新创业的体制机制，创业在国家层面被赋予了驱动新一轮发展战略红利的重任。不用说 20 世纪 80 年代的第一代民营企业家已过花甲，即便是 20 世纪 90 年代初创业的企业家都已年过半百，大浪淘沙后的胜利者享受着指数化财富积累带来的生活改善，也有意识地考虑将个人的生命周期纳入企业的战略规划，有步骤地考察和培养后备人才，最终将自己的创业成果托付于接班人。

　　CEO 继任是公司的重要决策，公司治理框架内选择企业内部晋升还是外部聘任的研究不能完全解决中国第一代民营企业家逐渐衰老背景下的权力更替的问题。民企传承的中心任务是延续基于股权与经营权的剩余控制权。因为股权与财富直接相关，一代创业者作为子孙家产的托管人，股权留给后代被认为是天经地义的事。但经营权与股权可以分离，传亲属还是聘专家担任 CEO 乃当下控股家族关于经营接班人选的战略性决策。在家族企业研究领域，接班人的胜任力模型并不能解释"王健林花 5 亿成立普思投资让王思聪去亏"的事件，有的控股家族并非出于能力来选聘企业 CEO，不是所有的家族企业都会走上支薪经理掌管企业的"管理革命"。学术界对家族企业"如何不同"及"为何不同"做了大量的研究,但也需要就形形色色家族企业为何做出迥异的聘任决策做出解释,讨论家族企业异质性问题。

目前学术界对于家族拥有控股权促进还是阻碍企业绩效存在争议,但是对于家族成员接管企业的经营权后业绩下降似乎能达成共识。中国上市公司是否也存在家族 CEO 的绩效折损效应及其家族身份与企业绩效关系的计量研究是否有内生性问题,是本书首先要回答的。本书利用上市家族企业的横截面数据显示,从托宾 Q 以及销售周转率等绩效指标看,家族 CEO 所领导的企业显著低于非家族 CEO 所领导的企业。为什么会造成这种后果?本研究利用外生性金融危机提供的准自然实验,发现非家族 CEO 有更强薪酬绩效敏感性,根据最优合约理论解释了企业的更高绩效。这项研究还解决了 CEO 身份与绩效之间的内生性问题。

本研究致力于回答的第二个也是最重要的问题是有的控股家族为何忍受经济上的折损效应坚持雇佣家族 CEO。家族企业的特殊性在于企业嵌入在家族系统之中,而家族系统又嵌入在更大的制度环境里。家族不仅仅有可持续地获取物质财富的经济目标,还追求不直接产生经济价值、家族为核心的非经济目标。本书还利用美的集团、世茂股份、方太厨具和统一石化四个案例,从制度环境、家族和企业三个层面构建家族企业 CEO 的聘任决策模型,发现:(1)控股家族目标存在异质性,非经济目标不同,相对于经济目标的重视程度也不一样。跟现有基于欧美企业的研究文献相比,中国控股家族普遍希望持续掌控企业、子女成长成才实现家族的健康繁衍,但是否要向子女提供企业岗位、家族是否依靠企业获取社会资本等方面存在差异;(2)家族的目标受到制度环境、子女接班意愿与能力的影响。具有较强非经济目标的家族会鼓励、培养和提升子女接班的意愿和能力。(3)非经济目标的重要程度与"传亲属"还是"聘专家"有重要关系。

本研究还基于多任务委托代理模型,可以推导更加重视非经济目标的家族倾向于提供薪酬激励强度较弱的聘任合约,社会总福利最大的家族-CEO 匹配方式是能力高的职业经理人接受那些经济目标更重要、提供更大薪酬激励的控股家族的聘任,而家族成员即便能力可能较弱也要被非经济目标更重要的家族优先雇佣。

案例研究回答了"如何"以及"为什么"的问题,经济学模型提供了均衡的聘任匹配状态,大样本计量分析提供更为稳健的统计支持。基于全国工商联 2015年"非公有制经济的两个健康"调研数据,利用 Logistic 模型发现:在家族成员与职业经理人都可资聘任的情况下,非经济目标的重要性与经营权释出给外人具有显著的负效应。而且第一代企业家的决策权力、子女在公司任职将会强化两者之前的负效应;企业主与各级官员的政治联系强化了家族对企业的控制,显著地弱化两者之间的负效应。

在家族企业研究领域,本书从传承要实现的目标着手探讨经营权更替,坚持认为只有通过对目标的研究才能对所谓的"顺利"、"成功"还是"令人满意"的传承做出评价,拓展了以往仅从两代人的交接班意愿与接班人能力的传承研究路径。另外,社会情感财富(SEW)是研究家族企业区别于其他企业的解释视角,作为一种参照系很难对同为家族企业但迥异的战略行为进行有效预测,本研究从控股家族目标为着手点以技术性和量化的方式进行企业行为的前因分析。本研究为一代创业者让渡经营权提供决策建议,也为企业主和职业经理人如何实现匹配,避免"裙带关系的老板"、"不落地的经理人"互相指责提供可借鉴的思路。

该研究的思路和具体的撰写过程中一直都得到了我的博士生导师、浙江大学管理学院陈凌教授的校正和指导,也感谢浙江大学管理学院博士生导师窦军生副教授很多建设性意见。在每个子课题的研究中,都蕴含了吴炳德博士、巩键博士、陈士慧博士、王昊博士等研究团队合作者的汗水。本研究的部分成果已经在《外国经济与管理》《学术评论》《山东社会科学》《南方经济》等杂志发表,为了本书内容的连贯性、饱和度和整体感,内容修改整合进入本书,感谢上述杂志的授权。要特别感谢的还有浙江大学城市学院商学院郑健壮教授、谢文武教授等领导的大力支持,学院构建的工商管理省级一流学科及杭州市哲学社会科学重点研究基地为创业与家族企业研究提供了有力的支撑。当然,文责自负,非常欢迎读者对书中的错漏给予批评指正。

朱建安

浙江大学城市学院创业与家族企业研究中心

2017 年 6 月

目录

图 目 录

表 目 录

绪　论

1.1　研究背景

　　家族企业是全世界常见的组织类型,几乎在各行各业都存在家族所有和家族控制的企业,即便是公众公司仍然有极高的比例可以追溯到一个或者几个控股家族(Bertrand & Schoar,2006;Claessens et al. ,2000;Porta et al. ,1999)。学术界一度认为这种传统组织不具有两权分离带来的专业性,不像支薪经理控制的现代工业企业那样能够有一席之地(钱德勒,1987)。在很长时间内,缺乏对这种历史悠久、有很强环境适应力的有效率组织进行足够研究。直到20世纪八十年代开始人们逐步看到了家族企业抗风险能力强、追求长期绩效、兼顾利益相关者、担当更多社会责任等方面的优势(Berrone et al. ,2010)。家族企业所体现的长期使命(Continuity)、命运共同体(Community)、互利共赢关系(Connection)、决策灵活(Command)的特征令人称道(Miller et al. ,2008)。

　　虽然家族企业曾经在中国一度消失,但是"家族主义"、"泛家族主义"事实上从来没有离开过中国。一旦有了足够的政策土壤,创业者依托家族和家庭资源的商业创新,就迅速成为我国民营企业创业的主流模式。改革开放以来,中国民营企业的创业高峰有以下三波:第一波是八十年代初,以温州为代表的农民率先将家庭联产承包责任制释放的劳动力解放出来,在国有企业的夹缝中寻找全国市场机会;第二波是1992年邓小平同志南方谈话之后的创业高潮,政治束缚一旦解脱,家庭作坊式工厂敢于直面国企与外企的竞争,成为中国增量经济的主力,也是后来加入WTO之后经济全球化的重要参与力量;第三次创业高峰是"全民创业、万众创新"的近几年,政府通过简政放权、商事制度改革等多项措施改革阻碍创新创业的体制机制，创业在国家层面被赋予了驱动新一轮发展战略红利的重任。不用说八十年代的第一代民营企业家已过花甲，即便是九十年代初创业的企业家都已年过半百，大浪淘沙后的胜利者享受着指数化财富积累带来的生活改善，也有意识地考虑将个人的生命周期纳入企业的战略规划，有步骤地考察和培养后备人才，最终将自己的创业成果托付于接班人（朱建安等，2015）。

中国民营企业正处于转型升级和领导人更替的时代共振期（范博宏、俞欣，2011；陈凌、朱建安，2012；中国民营经济研究会家族企业委员会，2015）。年老的一代创始人由于有限理性难以确保认知模式与企业的动态演化模式协调一致，企业持续发展依赖于年轻化管理队伍，领导人更替首先从经营权让渡开始（Chua et al.，2004；韩朝华等，2005；贺小刚等，2011）。CEO的选聘关系重大，他是组织内部与组织外部（社会、经济、技术、市场和客户）的连接（Drucker，2004），创造和引领组织文化（Schein，1992）、面对技术和市场变化引导组织变革（Tichy & Cohen，1997）、形成组织凝聚力（Barnard，1968），无论对组织的绩效还是组织的生存都有重大影响（Collins，2001；Drucker，1954；Mackey，2008），是对公司的绩效和结果负责的首要人士（Lafley，2009）。CEO的管理和决策能力事关企业兴衰，学术界一直保持高度的关注（李新春、苏晓华，2001；刘鑫，2015）。在一个有效治理的企业，不良的业绩是CEO变更的主要因素（Murphy，1999；Kaplan & Minton，2012）。但是，公司治理框架内选择企业内部晋升还是外部聘任的研究不能完全解决中国第一代民营企业家在逐渐衰老背景下的权力更替的问题。无论是改革开放初的乡镇企业家还是邓小平南方谈话之后创业的私营企业主，都面临企业"传子"还是"传贤"的交接班换代。传承的中心任务是延续剩余控制权，股权、经营权的交接是剩余控制权的外在表现和载体（吴炯，2016）。因为股权与家族财富密切相关，一代创业者作为子孙家产的托管人，股权留给后代被认为是天经地义的事（Wong，1985）。但经营权与股权可以分离，传亲属还是聘专家担任CEO乃当下控股家族关于经营接班人选的战略性决策。

在我国，由于受到几千年的丁亩、丁兵制和父子间家庭经济一体的影响，子承父业是常见的模式。家族内传承在企业特殊资产的传递方面确实有优势，但事业的发扬、字号的延续、家族的声誉、家庭的利益，以及职工、供应商、社区等众多利益相关者的维护,接班人也必须是德才兼备的年轻一代,选择接班人不可能是只讲情感不问能力(韩朝华、陈凌、应丽芬,2005)。职业经理人的一般管理能力和以绩效为导向的职业能力及企业家精神是许多家族成员所不具备的。把企业的经营权交给家族成员还是职业经理人,是控股家族的重要战略决策,也是民营企业成长和职业化管理转型的重要一步(陈凌等,2011;李新春、刘莉,2009)。与股权转让相比,管理权的交接更使民营企业的某些特征凸显出来(Bach & Serrano-Velarde,2015;Ellul et al.,2014)。转型背景下围绕家族企业 CEO 的聘任,"传亲属"还是"聘专家"的研究具有时代的意义。

1.2　概念的界定

本书将家族通过所有权控制的企业称为家族企业,纳入本书研究的家族企业样本必须要有家族成员和职业经理人都可兹聘用于 CEO,控股家族至少有两个家族成员涉入治理和管理,表现为正在董事会、监事会或高管团队任职。而且,通过所有权控制企业,持股比例有明确的要求:在上市公司,企业的实际控制人必须能够追溯到某个家族,而且家族直接或间接持有的投票权至少为 20%;对于非上市公司,家族合计持股比例必须超过 50%。在这类广泛存在的组织里,改革开放的第一代企业家正逐步退出一线管理,经营权更替需要做出传亲属还是聘专家的重要战略决策。因此,为了体现经营权更替,本书在上市公司数据样本、案例研究还有调研企业中都明确剔除了创始人还在担任 CEO 的情况。另外,"传亲属"还是"聘专家"类似于"传子"还是"传贤",虽然"子"与"贤"、"亲属"与"专家"不是完全对应的互补概念,两者可能互为交叉,"亲属"也可能是专业人士,"专家"也可能与企业主保持类家族式的亲密信任关系。不过,在"传子"还是"传贤"的中国语境中,这两个词语被用于互斥的选择,"传子"是交给孩子,如方太厨具茅理翔将企业传给儿子茅忠群,而"传贤"是传给职业经理人,如美的集团的何享健把企业交给方洪波经营。亲属与经理人最典型的区别来源于"自家人"和"外人"的身份,基于血缘和亲缘关系的信任在中国的文化差序格局里表现为统计学意义上的显著差异(张强,2003;储小平、汪林,2008;贺小刚等,2010;Cai et al.,2013)。典型的华人家族企业是一个以企业主为中心,家族成员与非家族成员之间、不同的家族成员之间按照与企业主亲缘、远近关系逐圈分布的"差序"同心圆结构。这一术语最早由费孝通(1947)提出,其后成为概括中国传统乡土社会结构和人际关系的经典概念,还被认为是华人组织的基本结构(郑伯埙,1995)。差序格局不仅仅是一种社会关系结构,同时在经济上还是一种家庭资源最主要的分配路径(李新春,2002;冯仕政,2008)。家族企业实际控制人以差序格局为主要参照,在自家人和外人之间配置所有权、控制权和管理权(张强,2003)。本书提到的"传亲属"还是"聘专家",来自韩朝华、陈凌等(2005)的论文,该文基于浙江17家中小民营企业讨论交接班问题。本书在民营企业传承更为紧迫、大批企业家步入花甲之年,甚至不少七八十多岁的企业家还在经营一线的时代背景下,讨论如何实现企业经营权的传递确保企业乃至宏观经济可持续发展显得更为重要。

当然在本书有时也是用"传子"还是"传贤"的表述,传"子"并非一定是要传给儿子,也可以是女儿,也可以是家族内的其他家族成员。据此,本书所分析的家族CEO是第一代创始人的家族成员继任CEO的情形。对于所谓的家族成员,不同研究学者基于所研究的问题有过不同的定义,如表1.1所示泛家族主义利益相关者的划分,有"自家人"、"自己人"和"外人"的区别,甚至有更为细致地划分,以业主为核心的家族与准家族成员之间的关系具体有以下14种亲缘关系:配偶、父母、子女、兄弟/姐妹、侄子/侄女、儿媳、堂兄弟/姐妹、女婿、兄弟姐妹的配偶、配偶的父母、配偶的兄弟姐妹、父母的兄弟姐妹、创业伙伴与旧友。这些亲缘关系可以归类为五种类型:(1)泛亲缘关系,只有一个家族成员参与控制;(2)核心家庭关系,即参与控制的家族成员与实际控制人是配偶、父子或母子关系;(3)近亲关系,参与控制的家族成员与实际控制人是兄弟或姐妹关系;(4)远亲关系,上述之外的其他亲缘关系;(5)复合亲缘关系,即参与控制的家族成员由多种不同类型的亲缘关系组成(贺小刚、连燕玲,2009;贺小刚、连燕玲、李婧、梅琳,2010)。本书所界定的家族CEO是指公司创业者不再担任企业经营的直接负责人,而是由创业者的血缘、亲缘亲属担任CEO情形。

表 1.1　泛家族主义利益相关者划分

序号	划分标准	文献来源
1	自家人(家庭成员)、自己人(亲朋好友)、外人	张强(2003)
	自家人(配偶、父母和子女、兄弟姐妹、兄弟姐妹的配偶或配偶的兄弟姐妹)、自己人(其他亲戚、以前曾经共事、来企业前是朋友或同学)和外人	陈凌等(2010)
2	泛亲缘、核心家庭、近亲关系、远亲关系、复合亲缘关系	贺小刚等(2010)
3	家族高管(实际控制人的配偶、兄弟姐妹、子女)与非家族高管(其他)	Tsai et al. (2013)
4	依据传统五服制确定亲属关系,并补充配偶、女儿与一等亲父子关系相当	王河森等(2012)

1.3　问题的提出

从现有研究进展看,家族企业高管聘任和激励研究,主要围绕着以下两个问题展开:(1)家族或非家族 CEO 除了身份外有何不同特征? (2)不同身份的 CEO 对企业绩效有何影响? 首先,家族成员往往担任更高的管理岗位(Cai et al.,2013),家族CEO 对应于公司有更低的 IPO 抑价率(Yu & Zheng,2012;翁宵暐等,2014),更高的盈余质量(许静静、吕长江,2011),他工作投入的时间更少(Bandiera et al.,2013),获得的薪酬水平更低(Gomez-Mejia et al.,2003),薪酬—绩效敏感性更弱(Mcconaughy,2000;MichielsI et al.,2013),只愿意冒相对低的创业风险(Huybrechts et al.,2013),无论是在位期间还是 CEO 更换过程中都伴随着家族内的利他主义行为(王明琳等,2014;魏春燕、陈磊,2015)。如此,家族掌控运营将削弱所有权控制和战略控制带来的好处(Luo & Chung,2012),家族 CEO 的生产率更差(Barth et al.,2005),子女接任CEO 后企业绩效下降明显(Bloom & Van Reenen,2007),股权相对分散的大型企业由家族 CEO 接任尤为不利(Miller et al.,2007;Miller et al.,2013),唯有家族企业 CEO职业化才带来绩效的改善(Chang & Shim,2015)。

虽然大量文献显示雇佣家族 CEO 不利于企业经济绩效(Bloom & Van Reenen,2007;Chang & Shim,2015;Miller et al.,2013),但为什么有的企业还是雇佣家族成员任 CEO？ 解释这个"非理性"经济现象蕴含了理论贡献的机会。在美国，入选标普 500 指数的上市公司中大约有三分之一的新任 CEO 与创业者、大股东或者离任 CEO 有血缘或者姻亲关系（Pérez-González，2006）；中国上市民营企业创始人离任后由家族成员接掌其权力结构的也占到 28%（贺小刚等，2011）。在现实生活中，一些企业家也是看似非理性地雇佣其家族成员，最典型的是万达王健林对待儿子。王健林专门拿出 5 亿元的资金给王思聪去创办普思投资公司，"给儿子 5 亿让他上当 20 次"。

现有研究多是在 CEO 身份既定基础上讨论激励、行为与绩效，对于聘请决策的背后因素研究较少。个别研究认为控股家族的权力（Power）越大、董事会的独立性越弱，越有可能由家族成员出任（Ansari et al.，2014；Lin & Hu，2007）。但这样的研究仍然局限于从家族的一种能力（控制权）推及家族的另一种能力（控制权），在企业层面进行家族所有权涉入与管理权涉入之间的相关性分析，仍然没有从更为本质的家族系统解释企业异质性行为。如果说聘请家族 CEO 是家族涉入企业强化控制的一种能力（Voordeckers et al.，2007），那么现有研究文献对能力背后的家族意愿研究存在不足（De Massis et al.，2014；吴炳德、舒晓村，2015）。企业可能在控制家族的引导下去追求其他不能直接产生经济价值的、以家族为中心的非经济目标（Chrisman et al.，1996；Chrisman et al.，2012）。如果在非经济目标的驱动下满足"小家"内利他的诉求但牺牲了公司效率、超乎能力的企业捐赠去换取家族的声誉和社会地位、以损害公司职业化与效率的代价追求家族和谐等等，会侵害其他相关者利益成为家族企业的"阴暗面"（Dou et al.，2014；Kellermanns et al.，2012）。制度环境和中小股东控制权制衡，能够起到限制控股家族攫取私人利益的作用，会是非经济目标与家族企业聘任决策的重要调节变量。虽然，这种有别于企业价值最大化的非经济目标近期成为研究企业行为的重要视角（De Massis et al.，2012），但因为追求非经济目标并非不计代价（连燕玲、高皓，2015），控股家族因此赋予了经济/非经济目标以不同的权重由此导致的企业行为差异还缺乏系统的研究，通过聘任决策前因变量的分析是剖析家族意愿的有益尝试。

另外，既有研究往往是将 CEO 身份作为已知的外生变量，分析其特殊的家族成员身份如何影响到薪酬水平、薪酬激励强度、时间和努力程度的投入、风险倾向及企业绩效（代表性论文有 Chua et al.，2009），但本研究认为自变量 CEO 身份与这些应变量的回归模型有内生性问题且未得到有效解决。在研究方法上,这些文献基于横截面数据,在平均意义上比较了家族 CEO 与非家族 CEO 薪酬和激励特征(Gomez-Mejia et al.,2003;Mcconaughy,2000;Michiels et al.,2013)及对应的企业绩效(Bloom & Van Reenen,2007;Miller et al.,2014;Villalonga & Amit,2006)。但样本是非随机抽取的,是否由家族成员担任 CEO 有自选择问题,导致样本选择偏差。在职业化与绩效的多元回归模型中,有关企业的规模、成长阶段、产业类型等企业因素容易找到相应数据,但企业主的意图、目标、家族可利用的人力资源等家族因素不易刻画导致模型的遗漏变量,这些因素既能够影响控制权属性及职业化程度(Chua et al.,1999),又能够影响到企业的绩效(Chrisman et al.,2012),职业化与绩效也可互为因果(Chang & Shim,2015),绩效更好的企业更有可能让家族成员担任CEO(Ansari et al.,2014)。这就是 Demsetz & Lehn(1985)很早在治理与绩效研究中提出要警惕的内生性问题。

1.4　选题的意义

当前家族企业公司治理研究过于聚焦 CEO 的身份而忽视了雇佣合约本身(Gabaix & Landier,2008;Lazear & Oyer,2013),甚至将是否有家族成员担任 CEO作为判断是否为家族企业的一个标志。这样的路径容易将高管身份与雇佣合约的相关关系误解为因果关系,直接导致了一种"二分法"式的偏见:家族所有和经营的企业一定具有"裙带关系",职业经理人会被"歧视"面临"职场天花板"。并不是说聘请家族成员就不是职业化,有所谓的"举贤不避亲"的说法,一些家族所有和经营的企业可以看上去像非家族企业一样(Stewart & Hitt,2012);同样,也不是说聘请了非家族成员就是职业化了,比如老板员工之间的泛家族主义(储小平、汪林,2009;汪林等,2009)。企业雇佣 CEO 是选合适的人并给予激励引导他实现企业确定的目标(Lazear & Oyer,2013)。选人与激励以时间先后顺序或者因果关系来形容都不恰当(Bandiera et al.,2011;Edmans & Gabaix,2011)。聘任是雇主和雇员在双方信息不对称情况下以较高的搜索成本实现的互相匹配(Brown et al.,2015;Oyer & Schaefer,2011)。与其问为什么有的企业聘请家族成员为 CEO,不如问为什么是家族成员而不是职业经理人更能与公司的目标、薪酬和招聘战略相匹配。

将家族管理权下绩效的讨论拓展到了家族基于所有权合法性控制企业的更为一般化的治理分析，帮助回答一代创始人选择什么样的接班人这个具有时代性的问题。

近些年，高管聘任与薪酬研究中大部分是以国外家族企业（Anderson et al.，2009；Bandiera et al.，2011；Jaskiewicz et al.，2014）或者我国的国有企业为研究对象的（Bai & Xu，2005；Firth et al.，2010；Peng et al.，2015；刘青松、肖星，2015；沈艺峰、李培功，2010），对我国民营企业 CEO 变更、聘任、薪酬的研究往往还是延续最优合约理论与管理者能力理论的脉络进行代理成本与企业绩效的分析（陈家田，2014；权小锋等，2010；苏冬蔚、熊家财，2013；杨青等，2014），较少涉及民营企业的职业化及家族企业转型和传承的大背景。家族企业研究论文常常把 CEO 身份作为外生变量，研究设计没有侧重于内生性问题和样本选择偏差的解决（陈德球等，2013；王琨、徐艳萍，2015；魏春燕、陈磊，2015）。中国的家族企业嵌入于政府与市场资源配置方式并存的制度转型背景和以差序格局为核心的泛家族主义文化，会产生有别于西方企业的家族意愿、非经济目标、组织结构和治理模式（Chua & Chrisman，2010；古志辉，2015；雷丁，2009；朱建安、陈凌，2014）。有时家族对经营权"意欲放手"（陈何轩等，2014）。异质性的情境影响了 CEO 的来源与企业绩效之间的关系（Chung & Luo，2013）。将西方家族企业理论应用到中国时应注意适用性问题，中国学者可以得益于这种特殊的情境，为填补既有西方家族企业的概念、理论和实证研究的"空白"做出理论性的贡献。当前民营企业引不进优秀职业经理人的现象已经有所缓解，但是留不住人才的问题仍然十分棘手，公司与 CEO 不能有效匹配：经理人受困于企业主的独断和裙带主义，被认定为"空降兵不能落地"而举步维艰，丧失对企业的认同；控股家族成员代际能力下降因此需要经理人的能力与企业家精神，但提防"外人"机会主义而不愿授权，被贴上"任人唯亲"的标签。本研究为一代创始人提供聘任与激励的决策建议，避免公司-CEO 错配导致双方互相指责并且提供从聘任开始的系统分析工具，确保民营企业传承与转型的顺利进行。

1.5　研究内容

本研究从家族的经济和非经济目标为切入口讨论控股家族的目标异质性，

提出了经济/非经济目标与聘任策略的研究框架,解释家族企业"传子"还是"传贤"聘任决策的异质性。

首先,经过文献梳理,发现目前学术界对于家族拥有控股权促进还是阻碍企业绩效存在争议。中国上市公司是否也存在家族 CEO 的绩效折损效应及 CEO 的家族身份与企业绩效关系的计量研究是否有内生性问题,是本研究首先要回答的。本书利用上市家族企业的横截面数据显示,从公司绩效指标看,家族 CEO 所领导的企业是否有与职业经理人所领导的企业有显著性差异,并从雇佣合约的薪酬激励来解释为什么会造成这种后果?本研究利用外生的金融危机导致绩效下滑的准自然实验,来回答家族 CEO 与非家族 CEO 的薪酬激励差异。这项研究的目的还包括解决 CEO 身份与绩效之间的内生性问题。

其次,利用经济学模型建立控股家族目标异质性与企业聘任决策之间的逻辑关系。基于多任务委托代理模型,可以推导更加重视非经济目标的家族倾向于提供薪酬激励强度较弱的聘任合约,社会总福利最大的公司-CEO 匹配方式是职业经理人去经济目标更重要、提供更大薪酬激励的公司任职,家族成员因为能力较弱在看重非经济目标的自家公司任职。

接着,本书还会利用美的集团、世茂股份、方太厨具和统一石化四个案例,从制度环境、家族和企业三个层面构建家族企业 CEO 的聘任决策模型,其意义在于揭示中国商业家族是否存在目标的异质性,以及与西方基于欧美企业的研究文献做出比较,观察中国情境下的家族目标如何不同,更为重要的是要回答这些目标是否影响了经营权交班给谁的聘任决策。

最后是计量分析。案例研究回答了"如何"及"为什么"的问题,大样本计量分析则是提供更为稳健的统计支持。基于全国工商联于 2015 年在 12 个省市范围内开展的"非公有制经济的两个健康指数"调研数据,利用 Logistic 模型去观察在家族成员与职业经理人都可资聘任的情况下,那些更看重非经济目标的家族与选谁担任 CEO 作为企业下一代领导人之间是否需要显著性数据支持。尤其是分析公司治理的其他利益相关者、制度环境及企业主的政治关联如何影响目标异质性与聘任决策关系的调节效应。

文献综述

家族企业可以说是全世界最常见的组织类型(La Porta et al.,1999),对全球经济有实质性的影响(Morck & Yeung,2004),并且在各行各业都存在 (Anderson et al.,2003)。在中国,由于社会低规范程度的信息特征,使得家族制的组织比市场和科层制还更有效率(陈凌,1998),形成中国有别于西方的家族化、地方化和网络化的市场经济制度特征(Boisot & Child,1996)。在这类广泛存在的组织里,改革开放的第一代企业家正逐步退出经营领域,把企业的经营权交给家族成员还是职业经理人,是控股家族的重要战略决策(范博宏、俞欣,2011)。CEO 的选聘关系重大,他是组织内部与组织外部(社会、经济、技术、市场和客户)的连接(Drucker,2004),创造和引领组织文化(Schein,1992),面对技术和市场变化引导组织变革(Tichy & Cohen,1997),形成组织凝聚力(Barnard,1968),无论对组织的绩效还是组织的生存有重大影响(Collins,2001;Drucker,1954;Mackey,2008),是对公司的绩效和结果负责的首要人士(Lafley,2009)。虽然由家族成员接掌 CEO 会让家族企业的特征显示得更加清晰(Bach & Serrano-Velarde,2015;Bassanini et al.,2013;Ellul et al.,2014;Sraer & Thesmar,2007),但也面临企业业绩下滑的困境(Bloom & Van Reenen,2007;Miller et al.,2007;Miller et al.,2013;Villalonga & Amit,2006)。即便如此,在美国上市公司中仍然大约有三分之一的新任 CEO 是与创业者、大股东或者离任 CEO 有血缘或者姻亲关系(Pérez-González,2006);中国上市民营企业创始人离任后由家族成员接掌其权力结构的也占到 28%(贺小刚等,2011);在新加坡和我国的香港、台湾地区的华人家族上市公司中也是类似,总体上有 29.4%是由子女接管总经理(范博宏、梁小菁,2010)之称。针对这种看似"非理性"的经济现象,本研究将围绕着为何这些家族企业还是雇家族 CEO 这个核心问题,对家族企业与非家族企业如何不同,形形色色家族企业的异质性,家族企业传承,以及家族 CEO 与非家族 CEO 有何差异进行研究述评。虽然家族成员也可能是专家,但因为家族成员的核心特征在于亲缘关系,而职业经理人更被看重的是能力,本研究用传亲属、聘专家来表示是否请家族成员担任 CEO,呼应国内较早注意这个问题的韩朝华、陈凌等(2005)的研究。

2.1 家族企业如何不同？为何不同？

1988 年 *Family Business Review* 杂志创刊,在第一期的第一篇文章,Langsberg,Parrow & Rogolsky (1988) 向读者和家族企业研究学者们提出了挑战——什么是家族企业。近三十年过去了,人们都能理解家族企业这个词指的是什么,但是要给出准确的定义还是非常复杂和困难。Chua et al.(1999)找到了21 种家族企业研究的定义,Litz(2008)在家族企业研究、创业研究或者战略管理等领域的期刊中找到了超过 30 种的定义。总的来说,这些定义基于双环理论和三环理论,围绕所有权和/或管理权和/或代际传承展开。双环理论认为家族企业兼具企业系统和家族系统的特征(MillerI & Rice,1967),三环理论则认为家族企业是家族、所有权和管理权的交集(Tagiuri & Davis,1982)。

早期的研究中讨论家族对企业的影响使用了以下的词汇,如由家族经营(Operated by Family)的企业(Alcorn,1982)、由家族控制(Controlled by Family)的企业(Bernard,1975)、由家族治理(Governed by Family)的企业(Dreux,1990)、由家族影响(Influenced by Family)的企业(Davis,1983；Davis & Tagiuri,1985)、由家族支配(Dominated by Family)的企业(Carsrud,1994)。无论使用影响、控制、治理或者使用支配等词汇来刻画家族影响,关键是通过何种方式实现的,即对家族影响的量化问题。家族可以通过经营权、所有权、治理结构,影响企业的战略决策与方向,影响领导权的传递。持有多大比重的股权才能合法实现控制使用了不同的标准。如有研究认为家族成员合计要持有公司超过 60% 的股权(Donckels & Frohlich,1991),有的认为家族只要持有超过 50% 的投票权(Leach et al.,1990),控制权下限标准有的是按照 20%(Laport Lopez-de-Silanes & Shleifer,1999),也有按照 10% 的标准(Claessens,Djankov,Fan & Lang,2002)。判断是否为家族企业的股权比例界限,看似有不断下降的趋势,其原因之一是出于信息的可获得性,更多关注到了上市公司。这些公众公司股权相对分散,家族不必要、也很难以绝对控股的方式实现对公司的控制;原因之二,看似股权相对分散的上市公司里,为了控制家族的利益,大股东投票权通过金字塔结构和交叉持股普遍超过了现金流权,使得控制权和所有权分离,较小的所有权背后是意想不到的较高的最终控制权(Laporta et al.,1999;Claessens et al.,2000)。

从管理参与的角度看,家族成员从事经营的人员数量下限标准也有不同,有的倾向于使用模糊概念,如控制权掌握在一些情感亲密的亲属手里(Carsrud,1994);也有观点认为至少有两个及以上具有亲属关系的家族成员通过管理权或者所有权影响企业方向(Hholland & Oliver,1992);也有的认为企业所有权从属于某家族的几位成员拥有,至少一位家族成员在企业做全职工作,并且有其他家族成员即使不是全职工作也是要能够对企业做出贡献的(Lyman,1991);也有观点认为基于所有权的两个及以上家族成员一直或者时常直接涉入企业运作(Rosenblatt,De Mik,Anderson & Johnson,1985);也有认为企业要家族所有,有一个或者多个家族成员运营企业(Stern,1986)。而也有代表性的观点认为两代家族成员要先后或者同时影响公司决策维护家族利益(Donnelley,1964)。

家族企业研究的必要性及对家族企业的定义,源于这种组织类型的特殊性和唯一性。什么是家族企业?从组织类型学的视角看需要研究组织间差异。组织的分类是对类型进行实际的建构并形成认同,对那些公认的类型进行组织形式的分配(Mckelvey,1982)。每种类型的关键特征体现了此类组织的理论和实践上的重要性,以及各类组织间的差异(Chrisman,Hofer & Boulton,1988)。依照以上组织类型学的要求,认识家族企业的特殊性,并根据它进行定义,要能够回答以下三个问题:家族企业和非家族企业相比行为如何不同;家族企业和非家族企业相比行为为何不同;家族企业和非家族企业行为导致绩效如何不同(Chrisman,Chua & Sharma,2005)。

家族企业能否从那些非家族企业中区别开来,早期研究主要看绩效和管理实践上的差异。研究者围绕家族企业和非家族企业的绩效差别研究(Westhead & Cowling,1997)、竞争优势的差别研究(Harris,Martinez & Ward,1994;Westhead,1997)、管理实践上的差别研究(Dyer,1994)、国际化的差别(Tsang,2002)、高管薪酬安排的差别(Gomez-Mejia et al.,2003)、在承担风险的差别(Gomez-Mejia et al.,2007)、多元化的差别(Gomez-Mejia et al.,2010)、环境绩效的差别(Berrone et al.,2010)、创新的差别(Gomez-Mejia et al.,2011;De Massis et al.,2013)、对待声誉的差别(De Ephouse et al.,2013)、人力资源管理的差别(De Ephouse et al.,2013)、治理安排(Jones et al.,2008)、代理人合约(Cruz et al,2010)、国际化(Liang et al,2013)等进行了讨论。很多关于家族企业的特殊性都是基于社会情感财富理论来讨论的。基于行为代理理论的社会情感财富是家族从公司获取的情感价值,被认为是家族企业作为决策的依据,而不仅仅是那些经济的考量。比如,家族企业跟非家族企业相比,曾经被认为更倾向于风险规避。而 Gomez-Mejia et al.(2007)根据众多西班牙橄榄油家族企业的数据发现,有些家族企业可能是风险偏好有些则是风险规避,背后的原因是控制者对保持家族企业的社会情感财富(Socioemotional Wealth)的态度不同。Gomez-Mejia et al.(2011)进一步认为社会情感财富能够解释家族企业和非家族企业在管理流程、公司战略、公司治理、利益相关者关系及风险投资等管理决策上的差异。Zellwger et al.(2012)认为唯有由家族掌控的公司才有可能实现社会情感财富,因此家族企业所追求的非经济目标是其典型特征。随着家族控制能力的增强、控制持续时间越长并有跨代掌控的意愿,那么社会情感价值就更高。其中,跨代传承的意愿越强,向家族外出售企业时索要的价格就越高。

Schulze et al.(2001,2002,2003)认为是家族企业父母对子女有利他主义,子女反过来会敲父母的竹杠,因为自我控制导致特殊的道德风险和逆向选择。Chrisman et al.(2004)实证分析认为,综合起来看家族企业相对于非家族企业的代理成本更小;Zahra(2003)提出组织文化对创业的促进作用,其中家族企业更为明显;Corbetta & Salvato(2004)提出家族企业特别适合管家理论。与非家族企业相比,家族企业更会追求所有权的情感价值(Astrachan & Jaskiewicz,2008;Zellweger & Astrachan,2008)、更注重为家族创造和保护社会情感财富(Gomez-Mejia et al.,2007)、对家族成员的利他主义(Lubatkin et al.,2005;Schulze et al.,2003)、追求家族的跨代控制,实现某种永恒(蔡济铭,2013)。

家族企业的特殊性在于家族影响。研究者以家族涉入程度作为变量,解释了家族企业的差异,并围绕家族涉入展开对家族企业操作性定义的讨论。家族涉入(Involvement)聚焦在家族在所有权、治理和管理上对企业的涉入。由于家族系统、企业系统及组织中的个人互相作用,产生了家族企业独特的资源和能力(Olson et al.,2003)。家族性(Familiness)是家族涉入的结果。从资源观的基础上看,家族企业可以获得特殊的竞争优势,而这些优势是非家族不可企及的。将家族企业特有的,并且是由家族和企业系统互动产生的独特资源,统称为家族性(Habbershon & Williams,1999;Habbershon et al.2003);Sirmon & hitt(2003)。对家族涉入产生的特殊资源归纳为人力资本、社会资本、耐心的财务资本、生存资本及治理机制,并且认为以上资源可能是有积极的,也可能是有消极的影响,因此家族企业成长的关键是管理好这些特殊资源,实现资源优势转化为竞争优势。

很多实证研究围绕着家族涉入(Family Involvement)如何影响公司绩效展开(如 Chrisman et al.,2004;Dyer,2006;Miller et al.,2007)。家族企业的研究的意义必须立足于这种组织类型的特殊性,它与其他非家族企业的区别。实证研究就围绕家族涉入如何影响公司绩效(Barontini & Caprio,2006;Chrisman,Chua,& Litz,2004)。但迄今为止,家族涉入到底是提升还是阻碍了绩效仍然没有定论(Rutherford et al.,2008)。看来,能否依赖家族涉入来刻画家族企业还存在疑问。也许,家族涉入企业作为这种组织类型的典型特征,从方向上看就是错误的。家族企业研究的辩护者认为,原因可能是对家族涉入及公司绩效的测度存在不统一的问题。如果说家族企业并不仅仅追求经济目标,而且是在声誉、长期导向及世代传承上展示了独有的特征,那么仅仅研究家族涉入影响企业的经济或者说是财务绩效,自然得不到家族企业与非家族企业的显著差异(Zellweger & Nason,2008),从企业史的角度看家族企业的成功,指标可能还应该包括:生存(Survival)、嵌入性(Embeddedness)、声誉(Reputation)、持续性(Sustainability)(Colli,2012)。除了企业史之外,这样的实证研究有待深入。

通过家族涉入程度来定义家族企业,从实证结果看并不令人满意。首先,如何看待那些根据所有权和管理权得到家族涉入程度相同,但是有些企业却不认为自己是家族企业的情况? 如果仅仅从所有权涉入和管理权涉入来测度家族企业,从研究的角度来说是方便的,但是从理论上讲是不完整,回避了哪些企业才会认为自己是家族企业的重要且实质性的问题(Chrisman,Chua &

Sharma,2005)。Westhead & Cowling (1998)则是提出了更为麻烦的一个事实：是否承认是家族企业未必是企业家真实家族意图的表达。但，仅仅是因为信息可能不是企业家的真实意愿表达，就放弃对哪些企业才会认同家族企业的分析吗？

关于家族涉入的第二个问题可能更重要，家族涉入只是家族行为的一个弱的指标，从所有权和管理权来界定的家族涉入，不能很好地体现家族意图，也不能很好预测家族企业在传承和职业化等方面的行为(Chua et al.,1999)。Litz (1995)已经对基于家族涉入的结构性定义提出了补充，即意图性定义。他认为家族是希望能够实现多代人对家族生意控制的意图。无论是百分之百控股，还是绝对控股，抑或是有效控股，只要满足上述两个条件都是可以称为家族企业。从此，对家族涉入的批评全部指向了其在反映家族意愿这个关键变量上的不足。家族涉入仅仅是一种能力(Ability)，还需要加上家族意愿(Willingness)，才能一起解释家族企业的特殊行为(De Massis et al.,2014)。

需要重点指出的是，家族企业在公司年龄、产业特点、区域、雇佣规模上与非家族企业有显著差异，而这些变量对企业绩效有重要影响，因此在做家族企业和非家族企业的绩效比较研究时，发现这种二分法的差异极有可能是由于这些统计学因素导致的，而非是两类企业的真实差异(Westhead & Birley,1995;Westhead & Cowling,1997)。

2.2　形形色色的家族企业及其异质性问题

即便家族涉入程度相同，企业行为仍然可能大相径庭。以家族涉入程度定义家族企业，或者说仅仅以家族涉入试图完成对家族企业和非家族企业的比较，可能是一个死胡同。越来越多的学者达成一个共识，家族企业不可能被简化为同质的群体(Westhead & Howorth,2007)。

将企业划分为家族企业和非家族企业的二分法，暗含着将家族企业作为同质性组织。然而，在识别家族企业异质性(Heterogeneity)问题上，需要在家族涉入的连续变量基础上，调节变量(Moderators)及中介变量(Mediators)，也就是说在家族控制之外，不同企业的意愿和目标，影响了他们在家族企业创新、国际化、传承、职业化和利益相关者协调等行为(Chrisman et al.,2012)。现有文献提及的调节变量包括:控制性家族的投票权多大程度上超过了其现金流权(Villalonga & Amit,2006),控制性家族参与经营的亲属性质与数量(Miller et al.,2007),CEO是否是家族成员以及他的教育背景(Perez-Gonzalez,2006),家族企业的非经济目标(Chrisman et al.,2012),家族的意愿和能力(De Massis et al.,2013)。

处于异质性的考量,在家族涉入和企业行为绩效之间就引入了家族影响的本质(Essence of the Family Influence),或者叫家族本质(Family Essence)(Melin & Nordqvist,2007)。学者们认为家族在所有权、治理和管理上对企业的涉入是必要的,但并不够,还需要家族意图(Intention)及家族的目标(Goals)。如果缺乏意图和目标的考量,家族企业可能和非家族企业没有显著差别。Chrisman et al.(2012)借助行为理论和利益相关者理论,依据跨代家族控制的意图及家族承诺讨论家族的本质,发现会对小型家族企业采取非经济目标产生影响。家族企业这些特有的非经济目标影响公司的行为,让这类公司表现出与其他公司不同的特征。家族影响的本质会部分地影响家族涉入与家族企业采取非经济目标之间的关系。该文进一步认为通过家族涉入或者通过家族影响的本质去讨论家族企业的定义具有内在的一致性。

定义家族企业时,需要整合的家族企业四大要素分别是:(1)意图,即家族企业主脑维持家族控制的意图;(2)家族性,它通过家族涉入及家族与企业的交互作用,产生唯一的、不可分割的及互相协作的资源和能力;(3)愿景,主要是家族企业主脑设定的并且由多代家族成员共同追求的愿景;(4)行为,即如何实现愿景(Chrisman et al.,2005;Habbershon et al.,2003)。

所以综合以上两种家族企业的定义,第一种是通过家族涉入,第二种是基于家族企业的本质。前者通过所有权、管理权及跨代传承涉入,确信认为这样的企业就是家族企业。而后者认为家族涉入则只是家族企业的必要条件而非充分条件。家族涉入后必须要能够导出一些唯有家族企业才有的特殊行为才行。通过家族企业本质的方法,发现确有一些家族涉入程度相同的企业,可能在愿景、家族性和行为方面千差万别。

既然家族企业千差万别,是异质性的,那么这些差别主要体现在哪些重要维度必须要得到确认,因为这些差异最终影响到目标、战略和绩效这些将被观察到的应变量。为此,将家族企业进行分类就变得有意义,但这个工作远未完成。家族企业能够区别于其他组织类型的基础在哪里?另外,家族企业中各种类型之间区别是什么。既然基于某一个或某一类家族企业的研究成果,在应用到其他家族企业时可能存在适用性问题。所以,家族企业的多种类型区分显得尤为重要。这种类型区分,一方面体现了家族企业与其他企业组织的差别,另一方面也体现了家族企业内部的多样性,从而对它们的治理模式和治理机制会产生影响,最终影响家族企业绩效。Sharma(2002)按照所有权、管理权和家族的三环模型,找到了72种不同家族涉入方式的企业类型。但是这种理论上的划分是否能够被实证数据检验确实互相存在显著性差异,一直没有成果。直到 Westhead & Howorth(2007)按照所有权、管理权及目标,将家族企业分为七种类型,并且经过了实证检验。但问题是,该文揭示的目标分为家族目标和企业目标,前者以管家理论作为支持,而后者在分析企业的财务目标时则是以代理理论为支撑。这种分裂的、缺乏整合的家族企业分类并不令人满意。

根据组织类型学的分析,组织实现分类后要满足:(1)各类组织间互相排斥,即一旦分类后,不存在某一种组织同时进入不同的类型;(2)同类型组织内部是同质的;(3)所有组织无遗漏地被分类;(4)具有稳定性(Chrisman, Hofer & Boulton,1988)。如果按照组织类型学的标准,目前国际家族企业学术界对于家族企业与非家族企业的区别、家族企业内部的分类都远未形成共识。

基于家族涉入解释家族企业与非家族企业的差异,并不尽如人意。原因可能有三种:一是除家族涉入之外,还需要其他的调节变量和中介变量,来解释家族企业的差异;二是家族涉入指标根本就不是好的指标,基于家族涉入的研究存在方向性的误区,甚至应该尽早舍弃家族涉入的概念;三是家族企业和非家族企业不存在显著性差异,也就是说学术共同体缺乏家族企业研究的合法性。有学者坚持认为家族企业只是提供了企业管理的一种情境,家族企业不应该有专门的理论,只是企业管理理论在家族影响情境下的应用。如果是第三个理由,那么是令人沮丧的,对于从事该项研究的学者们来说也颇不甘心。

学者们辩护的思路也是清晰的,即需要其他的调整变量作为家族涉入的补充。家族涉入程度相同的企业,行为千差万别,企业形形色色,那是因为家族企业的异质性问题。也就是说,当前家族企业研究领域要围绕异质性问题展开讨论。以家族涉入为基础,引入家族本质、非经济目标、意愿、保持社会情感财富等作为调节变量,解释他们在创新、国际化、传承、职业化等家族企业异质性行为,可以说现有碎片化研究还远未形成共识。

家族企业和非家族企业看上去像是二分法,非此即彼。但是,从家族性的角度看,企业中的家族性可能是一个连续变量。Shanker & Astrachan(1996)从家族企业实证研究看,家族企业可以是狭义的定义——家族涉入到日常企业管理,也可以是广义的定义——家族设定了企业战略方向。Tsang(2002)补充认为家族对企业战略方向的影响可能是各种水平和多种层次的。另又有大量企业可能是处于狭义和广义之间,意味着家族性是一种连续"光谱"(Westhead & Cowling,1998)。

对家族企业这种组织类型的研究,或者说家族企业研究的合法性,意义不仅仅来自能够对家族企业和非家族企业做出区别,并且还基于对各种类型的家族企业做出解释的前提之上。前者涉及家族企业的特殊性,后者则是家族企业的异质性问题。目前,在家族涉入基础上,找到调节变量的方法,试图打开影响家族行为的黑箱,共同完成家族企业的特殊性和异质性研究。

2.3 家族企业传承:以"传给谁"为首要问题

传承是家族企业研究的核心领域,聚焦于企业的领导和控制权在家庭内部的传递,主要讨论维持家族内传承的原因、传承的计划、接班人所需特质、交接班程序及如何成功传承等(De Massis,2012)。

确实,在很长时间内,家族企业研究中一直将企业维持在家族内传承当作应有之义。这是家族企业定义中的一个组成部分:追求代际传承的家族意图(Chua et al.,1999)。选择子女接手企业而不是其他人,与交易成本有关,是民法和税法等法律体系下的产物(Bjuggren & Sund,2001),嵌入在制度环境之中(Handler,1994)。子承父业之所以在我国成为主流,是因为数千年的家族主义文化、差序格局下的人际关系及较短的信任半径特征(Cai et al.,2013;Redding,1990;福山,1998;王明琳 et al.,2014)。外来的经理人能力越高侵害家族利益造成的损失越大(Lee et al.,2003)。尤其是那些异质性知识水平高的公司,缺乏流程性、可视化的操作程序,聘请职业经理人需要很高的薪酬溢价,或者付出极高的监督成本以防止其堑壕行为(Grossman & Hart,1986;Moore,1994),还不如委任家族成员掌控企业,即便是能力不足。从公司治理的角度看,如果家族成员涉入管理岗位越多(Smith & Amoak-Adu,1999)、企业之前的绩效越好(Bocatto et al.,2010)、缺乏外部股东的强力制约(Ansari et al.,2014;Lin & Hu,2007),那么越有可能由家族成员接班。

在子承父业的模式前提下,要实现成功、顺利的传承,帮助企业可持续发展,接班人的胜任能力吸引了研究者的目光。刘学方、王重鸣等(2006)提出了由管理素质和管理技能组成的家族企业接班人胜任力模型,具体包括组织承诺、诚信正直、决策判断、学习沟通、自知开拓、关系管理、科学管理和专业战略8个因子,其中的组织承诺和诚信正直因子对家族企业的继承绩效具有更显著的相关关系。而在于斌斌(2012)的家族企业接班人胜任力因子分析中,发现社会网络和政府关系等对家族企业的继承绩效有显著影响,体现了中国企业传承的特色。具有高内聚力的团队内部表现出亲和力、信任、满意度和较高的情感认同,是团队绩效的重要预测变量(O'reilly,Caldwell & Barnett,1989;Xie & Johns,2000)。王重鸣、刘学方(2007)首次将高管团队内聚力和家族企业继承绩效建立联系。与过去关于内聚力绩效关系的研究成果不同,他们发现企业家评价的高管团队内聚力维度中,社会内聚力对家族企业继承绩效的预测力更强,无论是对客观继承绩效还是主观继承绩效都有显著的影响;另一个维度——任务内聚力维度对主观继承绩效的有较大显著影响,对客观继承绩效影响小。该研究的意义是在集体主义文化熏陶中的我国家族企业传承来说,如何确保高管团队内部的和谐、心理相容,实现权力的平稳过渡。

在家族企业,下一代接班人有较高的能力是不够的。Morris et al.(1997)指出那些准备充分的接班人、信任和谐的家族关系、税收和财富安排充分细致的家族传承更为"平顺";Dyck et al.(2002)提出沟通、程序、时机等对于成功传承至关重要;Sharma et al.(2001)、Sharma et al.(2003)的文献指出在位者和接班人的交接班倾向能显著提升传承的满意度。Steier(2001)重点指出了交班人不仅仅是权力和财富的传递,更需隐性知识的传授,才能维持企业的竞争力。Sharma et al. (2001)、Sharma et al. (2003)特别提出传承进程的满意度要和传承绩效的满意度区别开来,前者是对接班人的选择决策及进度安排的主观满意度,后者是对传承后企业与家族的绩效做出客观的评价。De Massis et al. (2008)从个人因素、两代人的关系因素、情境因素、程序因素及财务状况构建了看似完整的家族内传承决策模型。

在我国民营企业尤其是中小民营企业,已经发生的继任多数都是家族内部的权力转移。继任者在企业内的实践是企业家能力培养的最主要方式,但前任对继任者关于企业内部关系、企业家精神的传递不足够(朱素英,2006)。在我国,尊重子女的意愿、培养接班人企业内就业志趣、通过企业外诸多的历练有助于家族企业成功接班。传统文化观念、子女能力与表现、企业治理模式三因素与家族企业成功代际传承成正相关关系。在一定的传统文化观念和家族企业治理模式下,企业主子女毕业后选择在家族企业外历练,包括自己创业或到相关的企业工作等,最终在积累相应的工作经验及能力之后接管家族企业(余向前,2010)。企业家默会知识、企业家关系网络和企业家精神是家族企业代际传承过程中企业家个体层面需要传承的三大类要素。但企业家与其子女,对三类要素的相对重要性存在差异,子女认为最重要的是诀窍知识,而企业家认为诀窍知识和心智模式同样重要。随着交接班进程的展开,处在不同阶段的企业家子女对三类要素的重要性评价也存在差异(窦军生、贾生华,2008)。窦军生、李生校、邬家瑛(2009)进一步讨论了家族情境对企业家默会知识代价转移的影响机理。作为家族情境因素之一的家族亲密度对企业家默会知识具有显著的正向影响;家族情境因素之二的家族集体倾向对企业家默会知识的影响不显著。独生子女家庭规模小,家庭成员间互动次数增加,容易使亲子关系表现出更为亲密的倾向。亲子之间的距离大大接近,亲子关系呈现更加平等的伙伴化趋势。这种关系反映在家族企业中,可以令创始人父辈与继任者双方彼此感受到来自对方的支持和认可,并能够建立信任和反馈的良性循环,进而有效地促进知识、社会资本及网络的代际转移。企业家隐性知识在代与代之间有效转移是家族企业成功传承的关键。余向前、张正堂、张一力(2013)将成功传承需要转移的默会知识分解为诚信好学、企业家精神及个体社会网络。在任企业家交班意愿对诚信好学要素转移和成功传承之间存在完全中介效应。

民企领导人传承，并非家族内继任这种唯一的途径，尤其是股权相对分散的较大规模企业。传承的中心任务是延续剩余控制权，外在表现为剩余控制权载体的股权、经营权的交接（吴炯，2016）。股权与经营权可以配置给不同的人。很多企业将经营权交给专业化的支薪经理人，在美国，钱德勒（1987）将之提升为管理革命，在中国也不少见，尤其是上市公司。公司创始人离任后，如果其决策权与控制权交给了更多的继任者——分权模式，将对企业绩效产生显著的消极影响，不过分权给家族成员却有助于改进企业的经营绩效；但如果创始人决策权与控制权交给了一位继任者——维持原有权力模式，将有助于改进企业的经营绩效，不过继任者恰好是家族成员，则不利于经营业绩的改善（贺小刚、燕琼琼、梅琳、李婧，2011）。更为重要的是，计划生育政策下，有意愿和能力接班的家族后代不足是横亘在一些企业主面前的传承障碍，第一代企业主愿意交班而其子女恰好也是愿意接班的家族企业只占 22.7%［中国民（私）营经济研究会家族企业研究课题组，2011］。在没有子女接班的情况下，吴应军、蔡洪滨（2011）提出年老企业家迟迟不明确由哪个经理人接任，是职业经理人市场不完善条件下的模糊性策略，意在降低选拔有品德接班人的甄别成本。为此，国内学术界考虑到股权和经营权可以分离并赋予不同的对象，特别归纳总结为"传给谁"、"传什么"、"如何传"这三个主要的问题［陈凌、李新春、储小平，2011；中国民（私）营经济研究会家族企业研究课题组，2011］。

基于胜任力模型来回答家族企业 CEO 的聘任，忽视了这种组织的特殊性：家族企业注重控制带来的情感价值（Astrachan & Jaskiewicz，2008；Zellweger & Astrachan，2008）、为家族创造和保护社会情感财富（Gomez-Mejia et al.，2007）、对家族成员的利他主义（Lubatkin et al.，2005）、追求企业在家族内的跨代传承实现某种永恒（Chua et al.，1999）。仅仅依靠胜任力模型不能解释由谁接班及如何成功接班的问题。如果在位者的交班意愿越强、继任者的接班意愿更高、传承规划越详细、家族希望持续控制企业越迫切、个人角色越能被利益相关者接受，那么传承越可能成功（Sharma et al.，2003a）。

2.4　传亲属与聘专家：如何不同？

CEO 管理和决策能力是企业兴衰的关键因素（李新春、苏晓华，2001；朱红军，2004；张兵等，2005；张硕等，2014；刘鑫，2015）。在一个有效治理的公司，不良的业绩是 CEO 变更的主要因素（Murphy，1999；Kaplan & Minton，2012），即便绩效不佳可能是行业性的冲击导致的（Jenter & Kanaan，2015），当然有时董事会需要抵抗股东们的短期业绩压力坚持雇佣看似业绩不好的 CEO 便于实施长期的战略（Fisman et al.，2013）。当前，聘请外部经理人市场的 CEO 而非内部晋升已经越来越多（Favaro et al.，2013）。但是更替后不见得立即能够对公司业绩产生显著的提升（龚玉池，2001）。与 CEO 更替有关的 CEO 个人、公司及外部环境等多层面的因素会对企业绩效变化带来影响（Georgakakis & Ruigrok，2016）。CEO 更替有时只是带来盈余管理行为，在变更当年显著地负向盈余管理，而变更次年再进行正向盈余管理，突出信任 CEO 的业绩，而且外部聘任 CEO 尤为明显（杜兴强、周泽，2010；苏文兵等，2013）。公司治理框架内选择企业内部晋升还是外部聘任的研究不能完全解决中国第一代民营企业家在逐渐衰老背景下的权力更替。无论是改革开放初的乡镇企业家还是邓小平南方谈话之后创业的私营企业主，都面临企业"传子"还是"传贤"的交接班换代。

传亲属还是聘专家的经营权传承往往放在家族企业职业化的语境中讨论。职业化对家族企业的成长与转型十分关键，但学术界对职业化的共识还在凝聚之中：交班给职业经理人未必就是职业化，家族 CEO 未必就不是职业化（Stewart & Hitt，2012）。职业化本质在于没有源于身份的特殊主义，赏罚分明，凭借贡献获得岗位和报酬（Parsons，2013；Ward，2004），在于没有特权（Hwang & Powell，2009），在于以绩效为导向（Hodgson，2005），前提是能够将岗位描述、权力范围、责任、薪酬规则、绩效预期和绩效考核进行政策、流程和计划的制度化（Dyer，1989；蔡济铭、朱建安，2014）。职业化并非单一维度，是家族企业的系统性制度变化（Hung & Whittington，2011；Parada et al.，2010）。对家族企业职业化的探讨还是碎片化的，总体处于起步阶段（De Massis et al.，2012；Hall & Nordqvist，2008）。

职业化的核心在于高管聘任和激励,学术研究主要围绕着家族或非家族 CEO 的差异性及对绩效的不同影响展开的。由于信任关系,家族成员往往担任更高的管理岗位(Cai et al.,2013),有更高的个人持股比例(Cai et al.,2013;陈德球等,2013)。更大的权益和更多的财富使得他们更看重闲暇:家族 CEO 每周工作投入时间更短,容易被私人事务打断(Bandiera et al.,2013),但获得的现金薪酬更少(Gomez-Mejia et al.,2003),"超额"的薪酬更多(王琨、徐艳萍,2015);从薪酬—绩效敏感性看,其薪酬激励强度更弱(Mcconaughy,2000;Michiels et al.,2013),只愿意冒相对低的创业风险(Huybrechts et al.,2013)。家族 CEO 在位期间表现为"管家"特征(王明琳等,2014),离任前还会通过多种计提减值准备的方式为继任家族 CEO 制造"秘密储备"体现出利他主义行为(魏春燕、陈磊,2015)。

虽然家族所有权促进还是阻碍了企业绩效存在争议(Anderson & Reeb,2003;Rutherford et al.,2008),但上市公司如果维持家族经营似乎将不利于绩效达成共识。从传亲属还是聘专家对企业绩效影响看,家族派出管理层对绩效是不利的(石水平、石本仁,2009),转型经济中家族掌控运营将削弱所有权控制和战略控制带来的好处(Luo & Chung,2012),家族 CEO 领导下的企业生产率更低(Barth et al.,2005),子女从一代创业者手里接任 CEO 后企业绩效下降明显(Bloom & Van Reenen,2007;Miller et al.,2007;Villalonga & Amit,2006),股权相对分散的大型企业由家族 CEO 接任尤为不利(Miller et al.,2013),似乎唯有 CEO 职业化才带来绩效的改善(Chang & Shim,2015;Sciascia & Mazzola,2008)。不过,家族涉入管理也不是没有积极的一面(Gomez-Mejia et al.,2011)。家族 CEO 能够获得更多基于公司特质的知识及获得更高程度信任(Burkart et al.,2003;Cai et al.,2013;Donnelley,1964;Luo & Chung,2012),具有更低的代理成本(Anderson & Reeb,2003;王明琳等,2014),有大股东长期导向的支持而不是短期的业绩压力(Aronoff,2004;Lumpkin et al.,2010),一直受家族文化熏陶更有创业精神(Zellweger et al.,2012;郭超,2013;李新春等,2015;李新春等,2008)。家族股权与家族管理的结合可靠地向市场发送了家族参与管理企业内在价值的信息,降低了 IPO 市场的信息不对称,从而降低了 IPO 抑价率(翁宵暐等,2014),股权集中的家族企业尤为显著(Yu & Zheng,2012),公司也有更高的盈余质量(许静静、吕长江,2011)。但是,家族CEO的劣势在于容易受家族目标的干扰(Lansberg,1983;Lee & Rogoff,1996),即便是与职业经理人联合掌权也会因为家族优先抑制了职业化行为(Miller et al.,2014),裙带主义与利益冲突(Bertrand et al.,2008;Villalonga & Amit,2006),缺乏合法性不易从外部获取资源(Chung & Luo,2013),所有者与经营者之间的第一类代理成本小,但控股家族的堑壕行为侵害了中小股东,第二类的代理成本大(Claessens et al.,2000;Faccio et al.,2001;Morck & Yeung,2003;苏启林、钟乃雄,2005;苏启林、朱文,2003;王明琳、周生春,2006;李新春等,2008)。另外,因为家族内的利他主义,家族高管晋升、薪酬和离职有较高的道德风险(Gayle & Miller,2009;Schulze et al.,2003)。家族CEO加剧了家族权益集中导致的特质性风险,使之更不易分散,不利于创业和生产率的提高(Michelacci & Schivardi,2013);并且家族CEO是在家族的有限后备人选中挑出来的,能力可能有所不足(Burkart et al.,2003;Pérez-González,2006)。在日本,非血缘的养子继承制绩效尤为显著。因为在此制度下养子是对那些能力不足或者不努力的家族成员的潜在威胁。将能力高的职业经理人认定为养子,也扩充了控股家族的人力资本池(Mehrotra et al.,2013)。

现有研究往往从CEO的家族/非家族身份对薪酬激励、企业绩效的影响进行实证分析,没有着重于内生性和样本选择偏差的检验和解决。基于横截面数据,在平均意义上比较了家族CEO与非家族CEO薪酬和激励特征(Gomez-Mejia et al.,2003;Mcconaughy,2000;Michiels et al.,2013)及对应的企业绩效(Bloom & Van Reenen,2007;Villalonga & Amit,2006)。但样本是非随机抽取的,是否由家族成员担任CEO有自选择问题,导致样本选择偏差。在CEO身份与绩效的多元回归模型中,有关企业规模、成长阶段、产业类型等企业因素容易找到相应数据,但企业主的意图、目标、家族可利用的人力资源等家族因素不易刻画是模型的遗漏变量,这些因素既能够影响控制权属性以及职业化程度(Chua et al.,1999),又能够影响到企业绩效(Chrisman et al.,2012),职业化程度与绩效也可能互为因果(Chang & Shim,2015),绩效越好的企业越可能请家族成员担任CEO(Ansari et al.,2014)。除了对现任CEO的特征和绩效研究之外,对家族企业CEO更替的讨论也有类似的问题(Gomez-Mejia et al.,2001;Murphy,1999;陈德球等,2013)。在公司治理领域,从Demsetz & Lehn(1985)开始就重视内生性的处理。

Bennedsen et al.(2007)率先在家族企业研究领域以企业主最大孩子的性别为工具变量解决内生性问题。也有学者是采用倾向得分匹配与双重差分法，找到控制组比较家族企业不同的职业化进程（Chang & Shim，2015；Imbens & Wooldridge，2009）。利用外生事件构造准实验已经开始增多，比如美国金融市场百分位报价改革引致股市流动性增强对治理、创新、公司价值的一系列影响（Chordia et al.，2008；Edmans et al.，2013；Fang et al.，2009；Fang et al.，2014；Jayaraman & Milbourn，2011），经济危机对家族企业获得银行授信的影响（D'Aurizio et al.，2015）等。目前看，借助外生事件冲击的自然实验法测度我国家族企业职业化水平的实证研究还不多见。

2.5　文献述评

家族企业的情境为 CEO 继任分析提供了更为宽广的研究视角。内部晋升还是外部招聘的框架已经不能解决家族企业的下一代经营接班人选的问题。家族企业的特殊性在于控股家族全面涉入所有权、治理和管理，引导企业去实现家族的意图和目标。基于家族系统和企业系统的本质区别及系统之间的互相影响，第一代企业创始人要考虑的是选择家族成员还是职业经理人来接管下一代企业的经营权。传亲属还是聘专家的不同决策，体现了形形色色家族企业的异质性。企业嵌入在控股家族，家的目标也许能够为企业的聘任安排做出解释。

与聘任决策有关的是家族企业雇佣合约与企业绩效的研究。现有文献往往是基于 CEO 是否为家族成员的身份，分析其薪酬激励及企业绩效。从传亲属还是聘专家对企业绩效影响看，家族 CEO 领导下的企业尤其是子女从一代创业者手里接任 CEO 的企业、股权相对分散的大型企业都会带来绩效的折损效应，如 Villalonga & Amit(2006)、Miller et al.(2013)、贺小刚等(2011)及李路路、朱斌(2014)的研究。如果将激励强度作为 CEO 身份与企业绩效之间的中介变量，那么基于代理理论，出于控股家族对家族 CEO 的利他主义或者家族与 CEO 之间互相的信任，家族 CEO 不需要强的薪酬激励，代表性的研究有 Mcconaughy(2000)、Cai et al.(2013)的研究。家族 CEO 不仅拥有较低的薪酬激励强度（王琨、徐艳萍，2015），其管理岗位也有更高的安全性（陈德球等，2013），根据最优合约理论,激励强度较低的雇佣合约对应了较差的企业绩效。

现有的大量研究显示了家族 CEO 不利于企业绩效,但为何有很多企业即便是上市公司还是雇佣家族成员担任 CEO? 文献与经济现象的差距暗示控股家族可能还有非经济目标的考虑,找到家族雇佣决策的前因变量显得迫切。在家族企业研究中,家族成员担任 CEO 被认为是家族系统影响企业系统的一种能力(Ability)体现,但即便是具有相同的家族涉入能力,不同的家族企业仍然可能具有迥异的行为,原因在于每个企业背后的控股家族存在不同的意愿(Willingness),但家族意愿代理变量的不易获得及难以刻画,导致了异质性家族企业的解释困境,出现控制性家族的意愿和能力之间逻辑关系的理论性缺口。借助企业聘任行为背后的逻辑,可以考虑从家族的经济和非经济目标不断贴近家族的意愿,有助于对企业行为更全面的理解。经济目标和非经济目标同时存在于控股家族目标之中,两者可能有竞争性的替代关系,也可能是互相增益。在有别于西方情境的中国转型经济和儒家文化传统背景下,构成控股家族非经济目标的内容就值得研究。家族在不同的发展阶段、在不同的制度环境下可能进行诸多目标的动态地取舍,导致中外家族企业迥然的行为差异,还需要大量的研究工作。通过雇佣决策前因变量的分析,以家族经济和非经济目标的异质性为切入口打开家族意愿的内核,将原本外生的 CEO 身份内生化,改变以往研究中过于聚焦 CEO 的身份而忽视薪酬合约本身的状况,将选人与激励这个看似有先后顺序的活动放在追求非经济目标的框架内完成身份、激励和所需能力的匹配和对应。本研究将实现聘任的内生化。职业化不再拘泥于 CEO 的身份,把家族管理权下绩效的讨论扩展到了家族基于所有权合法性控制企业的更为一般化的治理分析,能够帮助回答一代创业者经营权让渡时选择什么样的接班人这个具有时代性的问题,切实提升民营企业的职业化水平。

"传亲属"与"聘专家"：
基于上市公司数据的比较

    本书是为了填补理论与现象的缺口展开：正如文献综述所示，绝大多数文献都认为家族成员接任经营权会带来绩效的折损效应，但是现实中有很多家族企业坚持由家族成员担任 CEO，因此需要从家族目标对看似"非理性"的现象进行解释。第三章的主要内容是基于中国上市家族企业的样本证实职业经理人领导的企业绩效显著高于家族 CEO 领导的企业，并且依托最优合约理论从薪酬激励的角度进行解释。

    即便是公众公司，仍然有许多的企业由实际控股家族的成员接手企业的经营权。在我国，创始人离任后，大约有 28% 的企业是由家族成员接掌其权力结构（贺小刚等，2011）。在新加坡和我国的香港、台湾地区的华人家族上市公司中也是类似，总体上有 29.4% 是由子女接管总经理一职（范博宏、梁小菁，2010）。不仅仅在华人社会，在美国上市公司中大约有三分之一的新任 CEO 是与创业者、大股东或者离任 CEO 有血缘或者姻亲关系（Pérez-González，2006）。世界各国上市公司中，雇佣家族成员接任经营权维持"两权合一"还是聘请职业经理人分享剩余控制权，是每个商业家族都要遇到的重要战略挑战。与权力交接对应的是未来企业的绩效如何？子女从一代创业者手里接任 CEO 后企业绩效下降明显，因为在华人社会上一代企业家掌握的资源中有许多是关系资源，属于特殊资产，即便是子女都难以传承（Fan et al.，2012；顾振华、沈瑶，2016）。在美国，家族成员接班强化了对企业的控制，致使董事会缺乏独立性，从而有较高的代理成本（Bloom & Van Reenen，2007；Villalonga & Amit，2006），二代接任后绩效下滑。总的来说，家族 CEO 的绩效显著地低于职业经理人经营的企业，更是与创业者两权合一的模式相差甚远（Miller et al.，2007；Miller et al.，2013）。

我国上市家族企业,家族 CEO 与非家族 CEO 在横截面水平上是否存在企业绩效指标的显著性差异?这是本章节首先要进行的比较研究。另一方面,在横截面水平上比较家族 CEO 与非家族 CEO 对应的企业绩效可能存在内生性问题。研究样本并非是随机抽取,是否由家族成员担任 CEO 有自选择问题,导致样本选择偏差。在 CEO 身份与绩效的多元回归模型中,有关企业的规模、成长阶段、产业类型等企业因素容易找到相应数据,但企业主的意图、目标、家族可利用的人力资源等家族因素不易刻画导致模型的遗漏变量,这些因素既能够影响控制权属性及职业化程度(Chua et al.,1999),又能够影响到企业的绩效(Chrisman et al.,2012),职业化与绩效也可互为因果(Chang & Shim,2015),绩效更好的企业更有可能让家族成员担任 CEO(Ansari et al.,2014)。为了解决内生性问题,本章节利用 2008 年金融危机提供的准自然实验,观察外生的企业绩效下滑后 CEO 薪酬变化是否受到其身份的调节影响,即不同身份 CEO 的薪酬激励如何不同。这样的研究通过薪酬合约解释横截面上的企业绩效差异,实现了家族企业异质性的讨论,是在薛文峰、武志鸿(2009)、吴炯(2013)横截面研究基础上为解决内生性问题的进一步探索。

3.1 研究假设

上市公司高管薪酬的快速上涨已经是有目共睹,无论是高管薪酬总额、权益性薪酬的比重还是高管-员工薪酬差距,都暗示着高管的薪酬激励不断上升(高明华,2013)。从 20 世纪八十年代开始,研究高管薪酬上涨的学术研究论文增长速度超过了高管薪酬本身的增长(Murphy,1999)。在委托代理研究中,董事会为管理层设计了基于公司绩效的薪酬方案,通过奖金、权益性薪酬提升薪酬-绩效敏感性系数,将代理人的利益与委托人的利益结合起来(Murphy,1985;Jensen & Murphy,1990;Jensen & Murphy,2004)。虽然不少 CEO 具有令人咂舌的薪酬和福利,但是只要能够为股东创造财富,不在于付多少,而是如何付才能起到激励效应(Jensen & Murphy,2000)。常用的薪酬机制是在薪酬结构上提高权益类薪酬比例,以授予期权、股票等方式将 CEO 的利益与其他股东财富实现直接捆绑,或者降低固定薪水增加基于企业财务绩效的奖金,以期实现

CEO 与企业的间接捆绑。有时,公务专机、专车等额外津贴也是提高劳动生产率的方式,通过提供炫耀性消费给予 CEO 显示地位的信号发送机会(Ranjan & Wulf,2006)。其中,最为常见的方式是让经理人分享公司业绩,通过提高薪酬对绩效的敏感性(Pay-Porformance Sensitivity,PPS)来实现。

事实上,CEO 的财富与股东财富之间的关联并不大(Jenson & Murphy,1990;Murphy,1998)。21 世纪以来,安然、世通等公司财务造假等丑闻频出,很多金融企业在 2008 年金融危机中更是纷纷倒闭,这边是领着天价薪酬的高管,另一边是众多投资者血本无归,公司股价暴跌与高管天价薪酬形成巨大的讽刺效应。薪酬对绩效失去了敏感性,"干好干坏一个样"。公司治理失败,高管薪酬本身就是一种代理成本(Bebchuk & Fried,2003)。绩效下滑的 CEO 们仍然领取上涨的薪酬,上升容易下降难的棘轮效应是学术界关于薪酬讨论的重点。公司高管激励薪酬的三个维度是薪酬水平、薪酬结构及薪酬与绩效的关系。这三个维度背后的核心问题是谁来制定薪酬。公司的董事会或者决定高管薪酬的薪酬委员会,可能已经被影响力强的管理者们俘获了(Bebchuk & Fried,2010)。高管不再像管家一样服务于所有者的利益,而是想方设法抵消各种内控制度来保护自身利益(Gomez-Mejia & Wiseman,1997),薪酬—绩效敏感性可以作为公司治理的评判标准(吴炯,2013)。Walsh & Seward(1990)列举了常见的高管堑壕行为,包括:不断提升薪酬,当企业绩效下降时减轻对薪酬的负面影响,有时将企业经营的不利状况予以掩盖;雇佣咨询公司为自己的决策背书;一旦经营出现困境,首先是去向董事会说明是外部环境所致;操纵各种信息;影响战略确保岗位安全……

家族企业是家族通过对所有权、治理和管理权实现对企业的控制,以期实现跨代传承的意图(Chua et al.,1999)。就家族 CEO 的薪酬水平来说,其特殊性表现在:家族 CEO 可以利用家族的掌控力实施堑壕行为。家族有时宣称给予董事高水平的酬劳是为了聘请到职业素养更高的人士,利用他们的外部社会关系支持企业绩效。但是 Barontini & Bozzi(2011)根据意大利上市公司的数据发现,唯有家族成员较多的所有者控制型的董事会才有较高的薪酬。与其说是想通过高薪聘到社会人士,还不如说为了让家族董事获得更多薪酬利益,这样的企业业绩更差。可见社会网络理论并不能支持高薪酬,而是租金攫取的堑壕理论更有解释力。对家族 CEO 的"关照"也是类似,如果 CEO 是唯一的家族成员,其薪酬将比非家族 CEO 高出 56%(Combs et al.,2010)。无论是个人薪酬水平,还是高管—员工薪酬差距,家族高管总能"旱涝保收"(陈林荣,刘爱东,2009)。另外,控股家族给予家族 CEO 更高的薪酬,也是一种利他主义的表现,家族成员能够趁机在薪酬方面"敲竹杠"(Schulze et al.,2001,2002,2003)。

但是,关于家族 CEO 的薪酬水平也有不一样的逻辑关系。首先,在家族企业,特殊资产保持在核心家族成员手中,不被外人所知(Fan et al.,2008;Fan et al.,2012),企业决策缺乏透明度(Anderson et al.,2009;许静静,2015),家族持有较高比例股权缺乏外部控制权市场的监督与威胁(Grossman & Hart,1988;沈艺峰,2000;Gao & Jain,2012;Luo & Chung,2013)。在家族上市公司,控股家族必须付出代价,当雇佣家族 CEO 时,通过较低的薪酬来换取其较高的岗位安全性(Gomez-Mejia et al.,2003);其次,家族企业雇佣家族 CEO 强化了对企业的控制,不仅仅获得了经济利益,还得到了其他的情感价值(Astrachan & Jaskiewicz,2008;Zellweger & Astrachan,2008;Gomez-Mejia et al.,2007),因此家族 CEO 即便薪酬水平较低,但是能够获得其他的非经济补偿。有研究显示,如果有多位家族成员涉入企业,那么家族 CEO 的薪酬将比非家族企业的 CEO 低 13%(Combs et al.,2010)。

因此本书提出两个竞争性假设:

H1A 相对于职业经理人担任的 CEO,家族 CEO 的薪酬水平更高。

H1B 相对于职业经理人担任的 CEO,家族 CEO 的薪酬水平更低。

就薪酬—绩效敏感性衡量的薪酬激励强度看,家族 CEO 的薪酬特殊性主要有:首先,家族高管的任职安全性要高很多,不易受到企业不良业绩的追责(Gomez-Mejia et al.,2003;陈德球等,2013)。缺乏独立性的董事会对家族高管绩效评估会受到情感的干扰,授予的薪酬甚至能与不良的业绩脱钩。其次,家族企业以永续经营甚至是跨代传承为导向,这是区别于其他组织类型的典型特征,也带来了其长期绩效(Le Breton-Miller & Miller,2006),因此家族 CEO 不会在意短期绩效,基于短期绩效的薪酬—绩效敏感性较低(Block,2011)。而非家族 CEO,地位不稳固,很容易被替换出局,作为职业经理人,目标是获取薪酬、得到更高的地位及获取晋升和跳槽所必须的声誉和资历,比家族成员更需要短期绩效的数据予以支撑,为此家族 CEO 比非家族 CEO 有更低的薪酬-绩效敏感性。再者,家族 CEO 更像管家,而不是自利驱动下的代理人,所有权与管理权合一的家族企业甚至一度被认为没有代理成本(Fama & Jensen,1983),也就不需要利用薪酬的利益进行驱动,薪酬-绩效敏感性指标弱也不影响其努力的付出。当然,也存在另一种逻辑,由于家族对企业的高度控制,为了避免更多的不透明指责,控股家族可能以较高的薪酬-绩效敏感性来向外界释放高水平激励的信号,来取悦投资者。

综合以上所述,建立如下研究假设:

H2A——CEO 的家族身份降低了薪酬激励强度。

H2B——CEO 的家族身份提高了薪酬激励强度。

3.2 家族 CEO 领导下的企业如何不同

3.2.1 研究设计

在公司治理领域,从 Demsetz & Lehn(1985)开始就重视内生性的处理。Bennedsen et al.(2007)率先在家族企业研究领域以企业主最大孩子的性别为工具变量解决内生性。也有学者是采用倾向得分匹配与双重差分法,找到控制组比较家族企业不同的职业化进程(Chang & Shim,2015;Imbens & Wooldridge,2009)。利用外生事件构造准实验已经开始增多,比如美国金融市场百分位报价改革引致股市流动性增强对治理、创新、公司价值的一系列影响(Chordia et al.,2008;Edmans et al.,2013;Fang et al.,2009;Fang et al.,2014;Jayarman & Milbourn,2011),还有我国"国企限薪令"、"八项规定"政策干预提供的拟自然实验对国有控股企业管理层报酬的研究(沈艺峰、李培功,2010;梅洁,2015)。借助外生事件冲击的自然实验法考察我国家族企业职业化水平的实证研究还不多见。

外生金融危机影响下企业业绩下滑,但不同身份 CEO 的薪酬变动程度可能不同。2008 年秋季美国雷曼兄弟银行破产金融危机席卷全球,中国概莫能外几乎全行业衰退。这一年的金融危机是外生且难以预测的,也给学术界提供了研究机会:如 D'aurizio et al. (2015)通过金融危机前后企业获得银行信贷支持的变化来揭示家族企业与非家族企业的差异,Iyer et al. (2014)、Kahle & Stulz (2013)也有类似利用外生金融事件冲击对企业行为进行研究。

我国上市公司也逐步建立起具有一定敏感性的薪酬业绩关系(辛清泉、谭伟强,2009;方军雄,2009)。尤其是 2005 年国家证监会颁布《企业财务报告披露准则》后,公司绩效指标与高管的薪酬之间表现出比以往更为显著的正相关关系(曹廷求、潘旭、傅建国,2011)。但是金融危机发生后,仍然看到主要业绩指标下降而高管薪酬反而有所增加的"倒挂现象",这是高管薪酬黏性的体现(方军雄,2011;刘星、徐光伟,2012),也可能是高管凭借管理者能力的堑壕行为(Managerial Power Aapproach),控股家族是否会对 CEO 采用因人而异的薪酬激励? 本书的研究不是从绝对值意义上计算 CEO 的薪酬绩效敏感性,比较家族身份对其薪酬合约的不同影响。因此,考虑到薪酬的棘轮效应,面对绩效的下滑,各公司的 CEO 薪酬可能不会发生显著性地下降,从而造成薪酬业绩敏感性量化的困难。ABOWD (1990)、CHEN et al. (2012)、陈冬华等(2015)改变绝对值计算薪酬—绩效敏感性的方法,而是将业绩、薪酬与行业中位数水平进行比较的虚拟变量。本书将金融危机之后 CEO 薪酬增长幅度超过了行业平均水平的,因变量薪酬提升记为 1,否则为 0。

2001 年起我国上市公司监管部门要求企业在年报中必须披露控股股东和最终实际控制人的详细情况,这使得从控制权角度界定家族企业成为可能。从苏启林、朱文(2003)开始,我国多数实证研究确定家族上市公司标准为:(1)最终控制者能追踪到自然人或家族;(2)最终控制者直接或间接持有的公司必须是被投资上市公司第一大股东。不过第一大股东的持股比例有些争议。苏启林、朱文(2003)按照临界控制权为 20% 的基准确定了 114 家家族上市公司。苏琦(2005)依此确定的是 98 家、李新春等(2006)则研究了 125 家。马忠、吴翔宇(2007)、贺小刚、李婧、陈蕾(2010)、连燕玲、贺小刚、张远飞(2011)等之后的学者又做了微调:如果在家族或自然人担任上市公司董事长或总经理前提下,可以放宽到 10% 作为临界控股比例;若以上两个条件都没有达到,只要不存在 10% 以上临界控股比例的第二大股东，那么持股比例不算高的第一大股东掌控的企业也是家族企业。

总的来说，采用宽泛的家族企业定义方式，可能忽视了家族参与管理这一重要条件，这样自然人企业也被归入了家族企业。王明琳等（2010）认为有必要将上市家族企业的范围通过定义进一步缩小，首先家族控制权大于15％，同时至少有两位家族成员任职于董事会或者高管团队。许静静、吕长江（2011）直接比较了是否有家族管理涉入下的不同家族企业盈余管理问题，发现由本家族成员出任高管的家族企业有着更高的盈余质量。该文的检验结果说明了家族企业高管来源对企业行为的影响，从侧面说明了对家族企业进行分类研究的必要性。王河森等人（2012）提出唯有实际控制人能追溯到一个家族且有两名及以上家族成员持股或任职的企业才是家族企业，从而从沪深上市公司中筛选出187家狭义上市家族企业。当然，如果研究的样本是来自非上市公司，对家族企业的认定更为苛刻，如陈凌、鲁莉劼（2009）将个人或者家族股权比例超过50％且由家族直接经营的企业认定为家族企业。但是这些中小规模的、成立时间更短的民营企业到底是家族企业还是家族创业企业仍然是一个疑问。

本书以2009年在沪深交易所上市的家族企业为研究对象。本研究讨论的是一代创始人经营权移交给谁的问题，所以样本首先剔除由创始人担任CEO的民营企业，并将家族企业定义为：（1）上市公司的控制人可以追溯到自然人或者家族（贺小刚、连燕玲，2009；张远飞等，2013；李新春等，2015），且其直接或者间接持有的投票权比例在20％（及）以上（苏启林、朱文，2003）；（2）在董事会或者高管中至少有2位为家族成员（可以包括实际控制人）（王明琳等，2014）。

本书通过以下方式搜寻并验证了实际控制人与涉入企业人员之间的亲缘关系：（1）从上市公司年报、招股说明书和公共中获取信息，尤其关注在"前十大股东持股情况"中特别说明的"股东关联关系或一致行动人"，以及从高管简历中找出披露的家属关系；（2）多数上市公司并没有解释实际控制人与担任高管但不持有较多股票的家族成员之间关系，需要以实际控制人为圆心，与年报中的董监高人员通过百度、谷歌等搜索引擎进行配对查找可能的关系，也剔除了ST、SST与＊ST的样本，挑选出92家家族企业用于2009年横截面意义上讨论家族CEO与非家族CEO的区别。因为检验内生性及解释为什么家族、非家族CEO有上述差别,需要进行金融危机前后 2007 年与 2009 年的比较研究,因此企业必须在 2006 年前上市,并且扣除了在金融危机前后三年 CEO(或总经理)出现更替的企业,最终在调节效应模型实证检验时只有 85 家企业样本。该研究数据来源于国泰安的上市公司数据库,用 STATA 13.0 进行了相关的描述性统计和回归分析。

3.2.2 家族与非家族 CEO 的区别

从表 3.1 数据看,那些由创始人的家族成员担任 CEO 的企业与职业经理人担任 CEO 的企业在资产收益率(ROA)、净资产收益率(ROE)、员工人数、资产负债率、资产总额、销售收入、董事会人数、年度召开董事会的次数、家族投票权及家族现金流权方面并没有表现出显著的统计性差异。但是,家族 CEO 领导的企业在销售周转率($P<0.1$)以及托宾 Q($P<0.01$)这两个企业绩效指标上显著地低于非家族 CEO 领导的企业。而且,64.5% 由家族 CEO 所在企业中有代际涉入,而非家族 CEO 企业中只有 30% 有代际涉入,这种差异是在 $P<0.001$ 上表现出统计显著性。而且从平均值看,家族 CEO 领导的企业有超过 1 人为家族二代,超过非家族 CEO 中的二代人数达一倍之多,这种差异是在 $P<0.01$ 上表现出统计显著性。

从 CEO 的人口统计学特征看,家族 CEO 在教育、年度薪酬和加盟公司年份上与非家族 CEO 并没有表现出显著性差异,但是在年龄($P<0.001$)及接任 CEO 前担任高管的年份方面($P<0.05$),家族 CEO 显然要低于职业经理人。家族 CEO 要比非家族 CEO 年轻近五岁之多,而且接任 CEO 前担任高管的年份要少 1.4 年。从企业创始人的人口统计学特征看,让家族成员接任 CEO 的企业创始人的年龄要比聘请职业经理人担任 CEO 的企业创始人年长三岁($P<0.05$),教育水平要略低($P<0.1$)。74% 家族 CEO 的企业创始人还在担任董事长,而非家族 CEO 的这个比例只有 50%,且在 $P<0.05$ 上显著。尤其需要重点提出的是,在现金薪酬上,从均值看家族 CEO 比非家族 CEO 更少,但是并没有显著性;将现金薪酬进行自然对数处理后,结果不变。因此,就这批中国上市公司的样本数据看,家族 CEO 还是非家族 CEO 的薪酬数额没有显著性差别,推翻了 H1 的两个竞争性假设。

表 3.1 家族与非家族 CEO 的区别

项目		家族 CEO			非家族 CEO			均值差额
		均值	标准差	样本数	均值	标准差	样本数	
公司信息	ROA	0.051	0.066	31	0.050	0.055	61	0.001
	ROE	0.089	0.124	31	0.096	0.094	61	−0.007
	员工数	3926	4715	31	2736	6165	61	1190
	资产负债率	0.517	0.164	31	0.488	0.175	61	0.029
	销售周转率	0.645	0.521	31	0.755	0.633	61	−0.110+
	托宾 Q 值	2.07	0.77	31	2.75	1.42	61	−0.68**
	资产总额（亿元）	32.3	27.1	31	34.4	59.9	61	−2.1
	营业收入（亿元）	20.7	2.17	31	19.0	22.5	61	1.7
	董事会人数	8.45	1.88	31	8.75	1.44	61	−0.3
	董事会次数	8.61	7.33	31	9.33	8.27	61	−0.72
	家族投票权	0.398	0.139	31	0.396	0.169	61	0.002
	家族现金流权	0.319	0.141	31	0.324	0.175	61	−0.005
	代际涉入	0.645	0.486	31	0.300	0.462	61	0.345***
	涉入企业二代人数	1.034	0.981	31	0.500	0.699	61	0.534**
CEO信息	CEO 年龄	46.97	5.62	31	51.85	6.62	60	−4.88***
	CEO 教育	3.36	0.76	25	3.38	0.95	50	−0.02
	CEO 薪酬	376745	296491	29	489509	571845	57	−112764
	加盟公司时间	1999.6	4.42	20	2000.9	5.33	40	−1.3
	任职前担任高管年数	2.88	2.45	16	4.24	4.11	33	−1.36*
创始人信息	创始人出生年份	1952	9.13	30	1955	8.09	56	−3.0*
	创始人教育	2.57	1.17	28	2.94	1.16	51	−0.37+
	创始人是否担任董事长	0.74	0.44	31	0.54	0.5	61	0.2*

注：+$P<0.10$，*$P<0.05$，**$P<0.01$，***$P<0.001$。

3.2.3 描述性统计

本书采用的 Probit 模型是：

$$Sen\_Dum = \alpha_0 + \alpha_1 FCEO + \alpha_2 \Delta Performance +$$

$$\alpha_3 FCEO \cdot \Delta Performance + \beta Control + \varepsilon$$

其中 Sen_Dum 为上文分析得到薪酬绩效敏感性虚拟变量,自变量 FCEO 为是否是家族成员担任 CEO 的虚拟变量,当 CEO 为家族成员时该变量取值为 1,否则为 0;$\Delta Performance$ 为金融危机前后的企业绩效变化,包括总资产净利润率、净资产收益率的变化量,员工变化量,控制变量 Control 包括 a. 公司信息:是否为高科技企业等。b. CEO 的个人特质:年龄(Cai et al. ,2013;Conyon & He,2011;Firth et al. ,2010)。

表 3.2 汇报了因变量、自变量、调节变量及控制变量的均值和标准差,同时显示了相关变量之间的相关系数。从表 3.2 可以看出,家族 CEO 的身份($r = -0.01$,$p < 0.1$)和经营权释出倾向呈显著负相关关系,即家族 CEO 薪酬上升幅度小于行业平均水平。但是另一个自变量,绩效变化指标——总资产净利润率的变化量与因变量没有显著关系。作为控制变量,CEO 的年龄($r = -0.13$,$p < 0.05$)与薪酬提升幅度之间呈现正相关关系,而企业如果是高科技企业($r = -0.21$,$p < 0.05$)其 CEO 的薪酬提升幅度更可能高于行业平均水平。在解释变量内部,虽然有些变量间存在较显著的相关关系,但相关系数最大不超过 0.7,解释变量间的多重共线性问题并不严重。

表 3.2　描述性统计与主要变量的相关关系

项目	均值	标准差	最小值	最大值	1	2	3	4	5	6
1. 薪酬提升	0.60	0.49	0	1	1					
2. 家族 CEO	0.34	0.48	0	1	-0.01^+	1				
3. 总资产净利润率的变化量	-0.04	0.22	-1.93	0.23	-0.04	-0.14	1			
4. 员工人数(取自然对数)	8.24	1.38	3.37	10.76	-0.01	0.17	0.07	1		
5. CEO 年龄	50.42	6.76	35	68	0.13^*	-0.34^{***}	0.03	-0.08	1	
6. 高科技企业	0.35	0.48	0	1	0.21^*	-0.06	0.07	0.15	-0.08	1

注:$+ p < 0.10$,$* p < 0.05$,$* * p < 0.01$,$* * * p < 0.001$。

3.3 绩效变动与 CEO 薪酬激励：以身份为调节变量

由于本书因变量为二分变量，本书采用 Probit 回归模型进行数据分析。调节效应的检验采用了交互项的方式，在连续变量乘积之前都进行了中心化的处理。

表 3.3 为本书的回归检验结果。模型 1 为只放入控制变量的回归结果，模型 2 为放入控制变量和自变量的回归结果。模型 3 是包含自变量、CEO 的家族身份、CEO 的家族身份与自变量交互项的回归结果。

表 3.3　企业绩效与薪酬提升的关系检验

项目		模型 1	模型 2	模型 3
控制变量	员工人数	−0.042(0.104)	−0.038(0.103)	−0.058(0.329)
	CEO 年龄	0.033^+ (0.022)	0.033^+ (0.022)	0.039^+ (0.023)
	高科技企业	0.621^{**} (0.307)	0.629^{**} (0.308)	0.709^{**} (0.315)
自变量	总资产净利润率的变化		−0.345(0.744)	6.397^* (3.219)
调节变量	CEO 家族身份			0.093(0.329)
调节效应	总资产净利润率的变化×CEO 家族身份			-7.299^* (3.450)
	常数项	−1.412(1.379)	−1.445(1.381)	−1.524(1.390)
	Pseudo R^2	0.120	0.122	0.215
	样本量	85	85	85

注：$^+$ $p<0.10$，* $p<0.05$，** $p<0.01$，*** $p<0.001$，括号内为标准误。

模型 2 回归结果显示，总资产净利润率的变动与薪酬提升幅度之间并没有显著性的相关性，而在模型 3 中，增加了 CEO 是否具有家族成员身份的调节项后，总资产净利润率与薪酬上涨幅度之间具有显著的正效应（$\alpha_2 = 6.397$，$p<0.05$），对于职业经理人来说，2009 年的总资产净利润率比 2007 年每提高一个百

分点,会使得其薪酬超过行业平均水平的概率上升 6.4 个百分点。在后续加入是否家族成员身份的调节变量后,调节项的系数 $\alpha_3 = -7.299$,且在 5% 的置信水平上显著,表明对于家族 CEO 来说,他的家族成员身份将弱化绩效上升与薪酬超过行业平均水平之间的正效应,CEO 的家族身份降低了薪酬激励强度,推翻了 H2b 的原假设,接受 H2a 的原假设。

3.4 稳健性检验

本研究更换了绩效指标进行稳健性检验。将净资产收益率替换总资产净利润率后,由表 3.4 的结果显示,净资产收益率变化与 CEO 薪酬提升之间仍然具有显著的正相关关系($\alpha_2 = 4.266, p < 0.01$),净资产收益率变化与 CEO 家族身份的乘积项与因变量是显著负相关关系($\alpha_3 = -4.618, p < 0.01$),表明 CEO 为家族成员时,将会弱化净资产收益率变化与 CEO 家族身份之间的正效应。

表 3.4 企业绩效与薪酬提升关系的稳健性检验

项目		模型 4
控制变量	员工人数	$-0.083(0.108)$
	CEO 年龄	$0.038^+(0.023)$
	高科技企业	$0.731^{**}(0.317)$
自变量	净资产收益率的变化	$4.266^{**}(1.790)$
调节变量	CEO 家族身份	$0.054(0.334)$
调节效应	净资产收益率的变化×CEO 家族身份	$-4.618^{**}(1.862)$
	常数项	$-1.270(1.401)$
	Pseudo R^2	0.228
	样本量	85

注:$^+ p<0.10$, $^* p<0.05$, $^{**} p<0.01$, $^{***} p<0.001$,括号内为标准误。

3.5　结论与讨论

本书首先分析了家族 CEO 在个人、企业主和公司特征方面是否与非家族 CEO 存在显著性的差别,基于上市家族企业样本在 2009 年的横截面数据发现家族 CEO 存在绩效折损效应,家族 CEO 所领导的企业销售周转率与托宾 Q 两个绩效指标上显著地低于非家族 CEO。并且,家族 CEO 的年龄更小,担任 CEO 前在企业的高管任职年限更少,而企业主的年龄更大,这也意味着随着第一代创始人的逐渐老去,越有可能让家族成员而非职业经理人接任 CEO。

基于委托－代理框架的最优合约理论,本研究从 CEO 薪酬激励强度对家族 CEO 的绩效折损效应进行了解释,发现 CEO 的家族身份使他获得了较低激励强度的雇佣合约。金融危机前后企业绩效的变化为自变量,与 CEO 获得的薪酬变化为因变量,发现两者存在显著的正相关关系:当企业的总资产净利润率上升了 1 个百分点,会使得非家族 CEO 的薪酬增长率超过行业平均水平的概率增加 6.4 个百分点。但如果 CEO 的身份是家族成员,则会显著地弱化这种正相关关系。通过 CEO 身份的调节效应分析,验证了家族 CEO 薪酬激励强度低于非家族 CEO 的假设。这个研究结果通过了稳健性检验。这个研究在本书中的角色是通过中国上市公司数据验证了西方文献中家族 CEO 的绩效折损效应,并以薪酬激励来解释了家族 CEO 的不佳绩效。更为重要的是利用金融危机提供的准自然实验,从企业绩效的变化探究高管薪酬激励强度,解决了现有家族企业研究文献中家族、非家族 CEO 激励水平、企业绩效在横截面水平上是否及如何不同时可能忽视的内生性问题。本研究通过 CEO 的不同身份阐释了企业行为和绩效的异质性。

当然,CEO 的家族成员身份弱化了绩效变动与薪酬提升之间的正相关关系,是否存在一种可能:由于企业无法做到跟绩效提升相应的高管薪酬提升,只能由家族成员来担任公司的 CEO。鉴于本次研究样本为上市公司,而且剔除了 ST 等连续亏损的企业样本,企业应该有能力支付均值为 49 万元的职业经理人 CEO 年薪。而且,本书更重要的是通过数据发现职业经理人有更高的薪酬－绩效敏感性,且由其领导企业的财务绩效、市场绩效更高,也符合激励理论。

　　同样是针对我国上市公司的研究,本书与其他研究家族企业高管薪酬论文的区别在于内生性问题的解决。陈林荣、刘爱东(2009)将企业分为家族公司与非家族公司,发现家族公司的家族高管无论是绝对薪酬还是高管—员工薪酬差距都要超过非家族企业的高管,进而从公司治理的角度对家族企业进行了批评。但是该文是将家族公司最高薪酬的三位高管平均报酬当作家族高管的薪酬指标,显然忽视了家族企业所聘用的高管不仅仅由家族成员还有职业经理人这个事实,完全有可能家族控股的公司聘请的管理层全部是职业经理人团队。薛文峰、武志鸿(2009)确实区分了家族企业家族 CEO 与非家族 CEO 的薪酬,但是在横截面上将薪酬作为因变量与企业当年的绩效为自变量,比较了两个不同组的薪酬—绩效敏感性系数,在静态意义上比较容易忽视内生性的问题,家族 CEO 的薪酬绩效敏感性更低有可能是因为这中薪酬支付能力的家族企业,无法聘请到职业经理人,而只能由家族成员担任。另外,该文的另一个缺陷是没有将实际控制人既是大股东又兼任 CEO 的创业型企业剔除,很难说这样的研究就是家族企业的研究,能够说明对待家族成员和职业经理人"内外有别"。吴炯(2013)的研究发现无论是家族成员退出经营权由职业经理人接任还是企业改制为民营企业由家族成员接任经营权,CEO 的薪酬—绩效敏感性都出现了下降。尤其是通过职业化前后的薪酬—绩效敏感性比较了职业化的治理效率,本身还是存在内生性问题,可能是某些家族的内在原因促使实现职业化,这些原因也同时改变了薪酬激励强度,比如企业的业绩在面临全面恶化的时候,需要通过引进职业经理人作为"救火队员",同时由于企业业绩不佳且短期无法有效改善,高薪酬—绩效敏感性不能吸引职业经理人,因此导致了较低的薪酬激励合约。

　　当然,本研究的缺点在于仅仅分析了现金薪酬,没有对所持股权及期权、限制性股票等权益类薪酬综合考虑。另外,对家族 CEO 没有进一步进行划分,配偶、父母、子女、兄弟/姐妹、侄子/侄女、儿媳、堂兄弟/姐妹、女婿、兄弟姐妹的配偶、配偶的父母、配偶的兄弟姐妹、父母的兄弟姐妹等等都被归入为家族 CEO,但是有理由相信这些家族成员的利他主义与自我激励程度不同。还有,CEO 雇佣合约中的薪酬激励,可能与高管团队中家族成员涉入人数有密切关系,第二大股东持股比例、董事会的独立性等公司治理因素可能也影响到薪酬激励和企业绩效,需要进一步地研究。

家族目标异质性与企业 CEO聘任:案例研究

第二章的文献综述指出,家族成员接任经营权会带来绩效的折损效应,但是现实中有很多家族企业坚持由家族成员担任 CEO。第三章的主要内容是基于中国上市家族企业的样本证实职业经理人领导的企业绩效确实显著高于家族 CEO领导的企业,并且依托最优合约理论从薪酬激励的角度进行解释。第四章将尝试分析四家企业的案例,从各自控股家族目标的角度去理解为什么有的家族进行"非理性"聘任决策,而另一些却是在家族成员可资聘任的情况下还是要雇佣职业经理人。

中国接下来的若干年是民企交接班的"关键世代"(范博宏,2012;2014)。子承父业是常见的民营企业权杖交接模式(陈凌、应丽芬,2003;余向前,2007),但也不乏交给专业化的支薪经理人的案例,在美国,钱德勒(1987)将所有权分散下经理人掌管企业称为管理革命,在中国也不少见,尤其是上市公司。在家族成员和经理人都可资聘任的情况下,候选人的胜任力往往被首先考察(刘学方等,2006)。接班人是否具备基于公司的特质性能力和一般性商业管理能力(Bertrand,2009;Eisfeldt & Kuhnen,2013),能否从一代企业家那里吸收默会知识(Steier,2001;窦军生等,2009;余向前等,2013),在转型经济背景下人力资本中是否有社会网络和政府关系(Peng et al.,2015;于斌斌,2012)。

能力确实重要,但是企业接班人胜任力模型并不能解释"王健林花5亿成立普思投资让王思聪去亏"的新闻事件,有的控股家族并非出于能力来选聘企业CEO。绝大多数的实证研究显示:家族 CEO 领导下的企业绩效不如职业经理人,更不如一代创业者(Bloom & Van Reenen,2007;Miller et al.,2013)。从企业追求盈利的角度看,这样的 CEO 聘任是无效率的制度安排。但无论是美国、新加坡,还是中国内地和港澳地区,很多企业似乎无视这样的经验结论,坚持雇佣家族成员(Pérez-González,2006;贺小刚等,2011;范博宏、梁小菁,2010)。利润最大化的假设应用到家族企业并不合适(Chrisman et al.,1996a;Westhead & Cowling,1997),王健林可能并不指望王思聪如何奋发有为,只是希望儿子能够"务正业",期待从普思投资的经营中成长。家族成员涉入企业与家族的目标之间存在内在的关系(Lee & Rogoff,1996)。企业可能在家族的引导下去追求其他不能直接产生经济价值仅仅是满足家族情感需要的某些结果(Chrisman et al.,1996;Chrisman et al.,2012)。当下学术界对家族的目标及控股家族主导下的企业目标研究尤为不足(De Massis et al.,2012)。本部分以美的集团、世茂股份、方太厨具、统一石化(后改名为霍氏集团)四家家族企业为例,通过案例研究家族目标"是什么"及"如何"影响企业 CEO 的聘任。

4.1 理论框架

人们的行为会受到有意识的目的、意图、任务、计划及偏好的影响。目标是一种期望但还没有实现的结果,赋予人们以动力去克服阻力设法去实现(Ryan,1970)。目标能够为行为表现做出解释、控制和预测(Locke & Latham,2002)。依托于高度正式化的社会结构,组织也在寻求特定的目标(Scott & Davis,2015)。但是,家族企业的目标是谁的目标? 这个目标如何影响企业的聘任决策?

在新古典经济学看来,企业可以简化为生产函数,企业家是生产要素的组织者,企业家领导企业追求利润最大化的目标。在一个自由经济里,企业家只有一种社会责任——在法律许可的范围内从事旨在增加利润的活动(Friedman,1962)。此时,那些包括社会责任在内的非盈利目标甚至可理解为企业家日常工作的额外负担。但企业追求利润最大化唯一目标被质疑过于简化。企业不仅仅是企业家一个人的企业,它是一组所有者、管理者、雇员、供应商、客户、政府及社区等利益相关者达成的契约(Cyert & March,1963)。三环理论认为家族企业是家族、所有权和管理权的交集(Tagiuri & Davis,1982),三个系统的部分重叠导致了 7 种有代表性的利益相关者,导致了目标的多元化(Kotlar & De Massis,

2013)。其中,家族利用掌控地位及自由裁量权影响企业决策并追求以家族为核心的非经济目标(Family-Centered Non-Economic Goals,FCNE)(Chrisman et al.,2012)。

组织理论一直存在有关目标的理性观和自然观的竞争性解释(Scott & Davis,2015)。理性观倾向于将目标简单地预设为所有者目标。在家族企业,控股家族对企业目标的影响力最大。具体来说,由第一代企业家开创、所有并吸收其他家族成员掌控的企业,权力结构表现出高度集权化的特征,家族企业主脑(Dominant Coalition)是全面掌控公司的家族权威行动者(Cyert & March,1963;Hambrick & Mason,1984;Chua et al.,1999),其个人的态度、意图和价值观塑造整个家族的目标。既有通过企业的生存、盈利和发展实现家族的经济利益,也有家族和谐、社会地位、家族身份联接等非经济目标(Chrisman et al.,2012)。家族企业主脑代表家族去追求以家族为核心的非经济目标,引导企业去实现不能直接产生经济价值、以企业为核心的非经济目标(Carney,2005;Chrisman et al.,2013)。家族为了防止失去对企业的控制,宁愿承受企业绩效下降的风险(Berrone et al.,2010;Gómez-Mejía et al.,2007);家族在企业拥有的情感价值,出售企业时索要价格更高(Zellweger & Astrachan,2008);家族为了避免 IPO 发行失败导致声誉的损失,会进行更高程度的 IPO 折价(Leitterstorf & Rau,2014)。家族内部控制意愿和外部社会声望越高,IPO 折价越大(连燕玲、高皓,2014)。

自然观与理性观不同,他们并不认为家族企业主脑唯一决定了组织的目标。组织是利益相关者们在外部环境压力下的结盟活动(Cyert & March,1963)。单一的利润最大化静态分析逻辑不足以解释企业行为。那些直接或间接参与收益分享的相关者需要在组织的决策中发出声音,产生组织目标和个人目标的冲突与协调(Simon,1964)。如职业经理人群体,在专业化的分工体系中为管理绩效负责,获取薪酬和行业内的声誉,也可能在自利驱动下侵占委托人权益,他们的个人目标与家族目标相冲突,雇佣职业经理人尤其是聘请其担任 CEO,各种风险需要家族战略决策时予以充分的考量(Lee et al.,2003)。为此,家族与企业的目标分类如表 4.1 所示。

表 4.1　家族与企业的目标分类

目标属性	核心的利益相关者	
	家族	非家族
经济	家族为核心的经济目标:家族财富	非家族的经济目标:企业成长、生产、经济绩效
非经济	家族为核心的非经济目标:家族和谐、社会地位、家族控制、家族认同联接	非家族的非经济目标:社会责任、和谐雇佣关系

来源于:Kotlar & De Massis(2013)。

家族企业主脑不能唯一决定组织目标,还体现在制度环境的变化对目标的影响。组织目标是组织边界上链接外部环境和内部结构的关键传导机制(葛建华、王利平,2011)。家族是否掏空上市公司侵害中小股东利益取决于制度环境(Faccio et al.,2001;Andres,2008)。控股家族在企业集团采用金字塔结构,可能是利用杠杆效应在众多事业部之间形成互相支持的融资平台,也可能是实施隧道行为。企业形式和企业行为是控股家族在不同经济条件和制度环境下的应对之物(Khanna & Yafeh,2007)。外部竞争压力变化也会导致目标的变化,企业只是"适应的理性化"系统,对外部压力做出反应(Cyert & March,1963)。偏好与利益不同的关键参与者们组成松散同盟,随着变化的外部环境不断地塑造和修订目标,反映出目标的动态性特征(Pfeffer & Salancik,2003;白景坤、罗仲伟,2015)。

在一定的制度环境和竞争态势下,控股家族的经济和非经济目标主要通过家族企业主脑影响着企业战略行为,并受到企业其他利益相关者的制衡,使得企业追求经济目标之外还要兼顾公司声誉、慈善、社会责任、员工关系、社区关系等。现有研究表明:家族企业裁员更少、员工岗位安全性更高(Bassanini et al.,2013);那些长期控制有传承意愿的家族企业向社会捐赠更多(Dou et al.,2014;陈凌 & 陈华丽,2014);家族为了权力不被稀释,会较少地实施多元化战略(Gomez-Mejia et al.,2010),较低程度的研发投入(Gomez-Mejia et al.,2013;吴炳德,陈凌,2014);家族在乎声誉和社会评价,会比非家族企业更少地污染环境(Berrone et al.,2010)。这些企业行为是为了满足企业的其他利益相关者的诉求。那些希望借助企业体现家族的存在感、实现跨代传承的控股家族，正在通过这些企业的非经济目标实现家族和企业之间的认同匹配（Zellweger et al.，2013）。

控股家族之所以倾向于聘请家族成员担任企业 CEO，因为这样的雇佣能够满足两类以家族为核心的非经济目标，一是给予家族成员以岗位满足利他主义心理诉求，二是强化家族对企业的控制。家族成员尤其是子女来接任 CEO，更能有助于子女的成长成才，有助于基于所有权的剩余控制权继任。但从能力看，更广泛职业经理人市场挑选的经理人比家族内部挑选的家族成员能力更高（Pérez-González，2006；Mehrotra et al.，2013）。跟经理人相比，家族成员能力水平的差距，会影响家族企业主脑在经济和非经济动因中做出权衡取舍，影响目标异质性；反过来，如果具有很强非经济目标的家族企业主脑，也会积极鼓励、培养、锻炼家族潜在接班人提升其能力。在 CEO 交接班的重要时期，家族潜在接班人的能力与家族的目标共同决定了由其控制的企业是否由家族成员接任经营权，理论模型如图 4.1 所示。值得一提的是，制度环境也将影响由谁接班，儒家文化和家族主义倾向于子承父业（雷丁，2009；古志辉，2015）；在较低的市场化水平和不利的制度环境感知下家族对经营权"意欲放手"交给外人（陈凌、王昊，2013；何轩等，2014）。如果行业竞争压力巨大，家族潜在接班人的能力显著地低于职业经理人，任由其接管经营权会给企业带来生存危害，或者所处的制度环境非常不利于家族更多地涉入，那么控股家族会在斟酌后将价值创造的经济目标置于最重要的优先级，聘请职业经理人接班，同时给予家族成员合适的岗位或者在企业之外继续培养直到下一个重要的 CEO 聘任决策期。

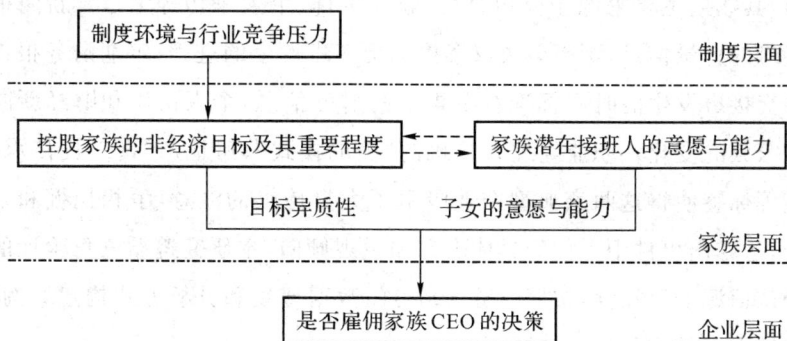

图 4.1　案例研究的理论分析框架

4.2 研究方法与研究设计

案例研究是描述事件、验证与构建理论的有效方法，在探索复杂情境中的动态过程显得尤为有竞争力（Eisenhardt，1989；Yin，2003）。在回答"如何"及"为什么"的问题时，案例研究体现独特的优势（Edmondson & McManus，2007）。入选本案例的四家企业是：美的集团、世茂股份、统一石化、方太厨具。其中，美的、世茂为上市公司，统一、方太为非上市公司；世茂、方太由子女接班，美的、统一由职业经理人接班。通过案例分析，解释（1）控股家族的目标"是什么"；（2）"为什么"有的目标更重要；（3）目标优先级"如何"影响聘任决策的问题。多案例研究设计比单案例更为复杂，提供的模型也更为可靠。本研究采用 Yin（1984）、Eisenhardt（1997）的嵌入式多重案例设计方式，在制度与行业层面、家族层面及企业聘任决策三个层面展开调查，对解释聘任决策提供了更广的分析视角。四个案例可以被看成是一系列的实验，通过达到一定的饱和度构建理论，也可以用来证伪其他研究得到的假说（Yin，1994）。选择是否上市不同、规模不同、行业不同及 CEO 来源不同的四个案例，通过案例之间的比较有利于对结论形成有力的支撑提高研究效度。当前学术界对家族目标的研究仍处于早期阶段，各种非经济目标之间的划分并不清晰且有重合，特别需要来自中国特定制度环境下的案例研究总结出"是什么"及"如何"影响企业行为来建构和发展理论。

世茂股份有限公司（600823. SH）与美的集团有限公司（000333. SZ）作为上市公司，其数据主要来源于公司公告、新闻事件、个人采访等渠道。新闻报道提供交接班的背景信息，董事会决议案揭示交接班发生的进程，定期财务报告有助于定位交接班发生的时间标准线及重要的财务信息，个人访谈和财经新闻透露公司和家族的变化。职业经理人接班的"美的模式"、房地产"富二代传承"的许氏家族等标签使得这两家典型企业吸引了大量传媒的注意，争相挖掘和采访相关人士，透露出事件中人们的具体表态和主观倾向，本研究遵循三角验证的方式交叉确认信源的可靠性，按照 Yin（2008）的数据搜集和分析方式构建案例资料，以便归纳本书的主要理论命题。

　　统一石化有限公司（后改名为霍氏文化产业集团公司，简称霍氏集团）及方太厨具有限公司为非上市公司，虽然没有定期向外公告的信息，但是都具有典型性并受到全社会的关注。生产润滑油的统一石化老板和职业经理人可谓珠联璧合，上世纪 90 年代中期就率先受到《中国企业家》《IT 经理世界》等传媒关注，被总结为"劳资搭档：统一和润滑"，也入选西安大略大学商学院家族企业职业经理人与"东家"成功合作的案例。作为民营的统一石化被国际巨头壳牌收购，若干年后家族再次把统一购回，职业经理人又一次回归家族堪称传奇，媒体的关注有助于收集足够的信息量。方太厨具创始人茅理翔在国内最早提出并开创中国特色的现代家族制管理模式，他们父子交接班已经被公认为成功的"方太模式"，两代企业家著书立说，也乐于接受媒体访谈①，各期资料为本研究提供了跨时段的历史记录。本书的作者一直关注方太的案例，从 2006 年开始几乎每年都会去拜访茅氏家族，也采访了多位重要高管，获得了丰富的访谈笔录和公司创业二十年的档案数据，经过验证和修订已经形成较为完整、以家族为视角的方太案例资料库。

　　从案例素材逐步推导的命题不是预先指定的，而是在结束单案例分析后才进行跨案例综合分析，努力做到复制逻辑的独立性，在案例间寻找相似的理论因子和案例间的联系，形成理论框架和研究命题，通过不断迭代和精练，检视数据确认不同的案例能否遵循共同的 CEO 聘任决策程序和模式，用尽可能多的利益相关者视角来检验我们的命题，并使用图表便于直观比较和呈现。尽管无法详尽描述每个案例，但是对制度环境、产业竞争状况、家族特征、企业特征等信息进行了尽可能多的收集，用于 CEO 聘任决策的核心背景予以展开，借此构建逻辑自洽的理论。

---

　　① 茅理翔先生的各个阶段的著作《飞翔的轨迹》（1996 年，浙江人民出版社）、《飞翔的管理》（1998 年，中国三峡出版社）、《飞翔岁月》（1998 年，西南师范大学出版社）、《管理千千结》（2002 年，中国商业出版社）、《家业长青——构建中国特殊现代家族企业管理模式》（2008 年，浙江人民出版社）、《百年传承：探索中国特殊现代家族企业传承之道》（2013 年，浙江人民出版社），为本研究提供了权力交接的历史脉络和一系列事件素材。

4.3 家族企业经营权传承的四个案例

4.3.1 美的集团

美的是中国家电产品最齐全、产业链最完整的龙头企业,拥有空调、冰箱、洗衣机产业链条及系统的小家电产业群。根据《美的集团 2015 年年报》显示,该公司营业收入达 1384 亿元,归属股东净利润为 127 亿元,在《财富》中国 500 强的榜单中排名第 32 位。跟多数民企不同,1942 年出生的何享健,一位国内创业时间最长的企业家,并没有让子女接班,而是将这个市值超过 1500 亿元的美的集团交给职业经理人团队掌控,被归纳为经理人接班的美的模式(范博宏、俞欣,2013)。

美的的创业历程如下:1968 年,广东顺德区北滘街道干部何享健与妻子梁凤钗联合另外 22 位北滘居民一起集资 5000 元创办了北滘街办塑料生产组。在改革开放前,这个集体企业以近乎手工的方式生产塑料金属制品和汽车零配件。上世纪 80 年代,美的开始专注于制造电风扇等电器产品,并于 1981 年注册"美的"商标。从 1985 年开始,这家名为顺德美的电风扇厂的企业正式进入空调行业。1992 年,何享健争取到广东试点单位,推进内部股份制改革成立广东美的集团股份有限公司,劝妻子梁凤钗回归家庭,一年后美的电器(000527:SZ)在深交所上市,成为首家由乡镇集体企业改制的上市公司[①],何享健任董事长兼总经理。进入 2000 年后,公司着手实施管理层融资收购(MBO),何享健的个人股权持续扩大。虽然美的为何享健家族掌控的民营企业,但何氏家族成员只是通过上下游供货关系或者作为被并购标的融入美的的生态链条,并没有像很多民营企业一样有大量家族成员在公司任职,如图 4.2 所示。2013 年 9 月,美的集团(000333:SZ)以换股吸收合并美的电器的方式实现整体上市,成为 A 股最大的白色家电上市公司。逐渐年老的何享健会选择职业经理人还是让子女来接班?

早在 2002 年,经营权的传承似乎就露出端倪。上市公司美的电器(000527:SZ)公

[①] 上市之初公司简称为粤美的 A,2002 年起改名为美的电器。

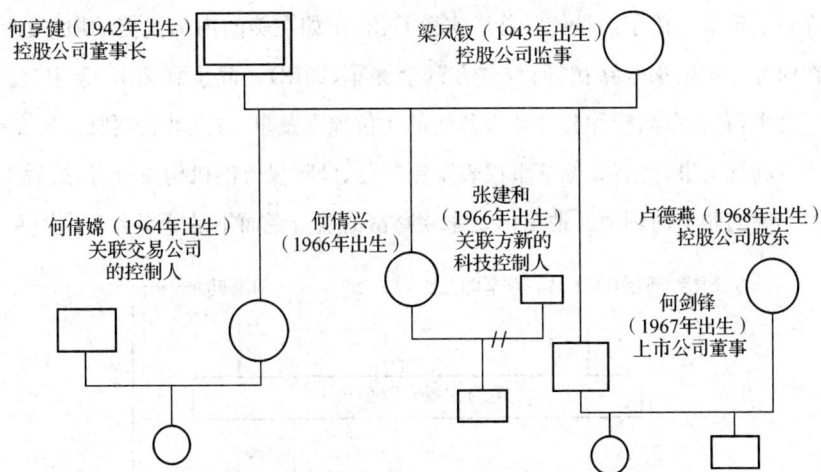

（说明：□代表男性，○代表女性）

图 4.2　美的集团控股之何氏家族谱系图

告，原本两职合一的何享健将总裁之位交给了职业经理人①。当时何享健的儿子，"海龟"何剑锋已经在美的之外从事制造与投资生意八年，生意风生水起广受赞誉，但一直没有进入公司，坊间曾流传说何剑锋将回归父亲的企业，任命"外人"只是太子登基的暂时延后(郑襄宇，2005)。何享健家电王国权力更替已经启动。2009 年，何享健"禅让"美的电器董事长给方洪波，他只是留任美的电器大股东——美的集团有限公司的董事局主席。权杖交接的速度在加快，2012 年 8 月何享健辞任美的集团董事局主席，由方洪波接任。这位经理人全面掌权，何享健再次"上浮"至美的集团的大股东——美的控股担任董事长，为美的集团整体上市铺平道路。2013 年 9 月美的集团完成整体上市并开始在深交所交易(何氏家族控制结构如图 4.3所示)，个人持股比例为 2.14% 的方洪波担任美的集团(000333：SZ)的董事局主席兼总裁②，何享健的儿子

①　2002 年何享健只保留董事局主席，聘任了主管白电业务的张河川担任总裁，并吸纳主管空调业务 35 岁的副总裁方洪波进入董事会。方洪波这位"坐飞机升上来的老总"在 2005 年 8 月正式接替张河川担任美的电器总裁兼董事局副主席，成为何享健经营交班的不二人选，因此本书将张河川作为过渡时期的人物，交接班元年定位于 2005 年，职业经理人方洪波接任 CEO。

②　在美的集团整体上市之前，方洪波接替何享健担任董事局主席前美的集团的总裁为黄健。黄健与方洪波同为 1992 年加入公司，曾任美的日电集团总裁，与制冷板块的方洪波被称为"美的双龙"。为整合集团资源实现整体上市，也为了理顺权力结构减少内耗，何享健特意树立方洪波的个人权威。在美的集团整体上市之后仅仅一个月，黄健离开美的。

何剑锋只是董事。传子还是传贤终于水落石出,正如在美的内部流传的段子:中国家电路在何方? 中国家电路在"何"与"方"(李渊军,2012)。截止到 2015 年末,公司 11 人董事会中,有来自高校和会计师事务所的 4 位独立董事,方洪波、袁利群、吴文新、李飞德 4 位高管董事,另有 2 位董事代表工银国际、鼎晖投资的机构投资者,最后 1 个席位即何享健的儿子何剑锋。他更像是家族财富的监督者而不是董事会的掌控人。

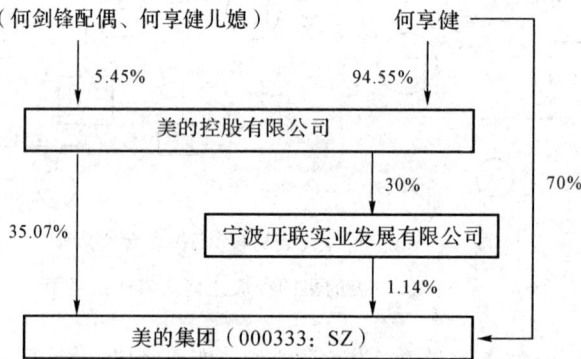

图 4.3　何享健家族 2015 年对上市公司美的集团的控制链条

4.3.2　世茂股份

世茂股份(600823.SH)是许荣茂家族买壳上海国资商贸企业"万象集团"上市的地产公司。在许氏家族掌控的世茂集团分工体系中,世茂股份主要从事商业地产业务,总部位于上海。根据《世茂股份 2015 年年报》显示,公司年营业收入 150.3 亿元,归属上市公司股东净利润 20.5 亿元,按照年末收盘价计算,公司市值 234 亿元。许氏家族拥有上市公司 68.14% 的投票权和 39.05% 的现金流权。家族持股控制链条如图 4.4 所示。

世茂的创业历程:许荣茂原籍福建石狮市,因为中医家庭背景早年赴香港做药店伙计,不会粤语就又去了工厂,一个偶然的机会,他改行做了证券经纪人,其敏锐的判断力和投资天赋被挖掘,快进快出赚到数千万港币的人生第一桶金(余胜海,2009)。上世纪 80 年代末守住财富抽身从事实业,在香港和深圳做纺织品加工与出口贸易。1989 年正式涉足地产行业,先期在老家福建开发房产,具有敏锐嗅觉的许荣茂小试身手后很快移师澳大利亚,躲过中国第一轮房产泡沫。

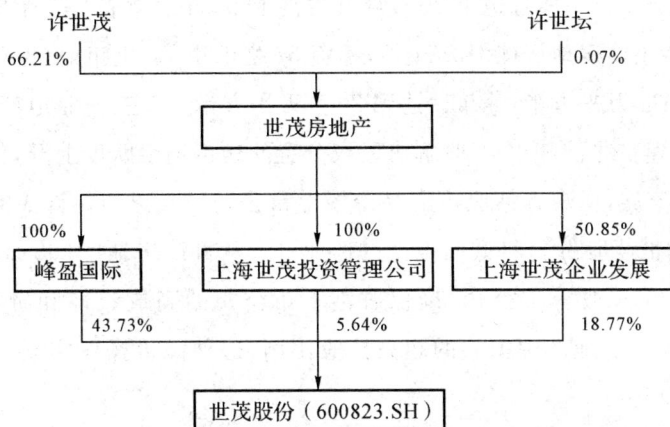

图 4.4 许氏家庭对世茂股份的控制链条

1995 年,他回归并直接进入北京市场开发亚运花园、紫竹花园等高档公寓。1999 年舍弃如火如荼的北京重点转战滞涨的上海,借助资本市场的力量买地盖楼经营物业。2000 年,家族全资持股的上海世茂投资发展公司收购拥有"恒源祥"品牌、万象广场等资产的国有上市公司"万象股份"26.43％的股份[①],成为第一大股东,入主后先将恒源祥品牌等资产出售,并将公司更名为世茂股份(600823.SH),许荣茂为董事长兼总经理。接下来的若干年,许荣茂利用家族持股比例并不高的上市公司与家族百分百持股的世茂投资合资成立项目公司开发房产,上市公司资金被占有还要作为担保人承担主要风险,一旦预售开始产生现金流时,就让世茂投资赚得大头,许氏家族掏空上市公司的行为饱受争议(如李春玲,2004;张信东,2003;孙红,2007)。再加上当时整个 A 股市场处于股权分置之前的低迷,世茂股份失去了再融资的能力,许氏家族逐步将其边缘化[②],许氏家族选

---

① 世茂投资的股东为许荣茂的阿姨王颜莉莉与侄子许世永,前者拥有 6.67％、后者拥有 93.33％的股份。世茂投资在 2002 年将世茂股份第一大股东的地位转让给世茂企业,后者的股东仍然为王颜莉莉和许世永。

② 2004 年 6 月,许荣茂只保留董事长身份,委任原财务总监管红艳为总经理,看上去世茂股份属于经营权交给职业经理人的类型。事实上,世茂股份当时被边缘化,业务几乎无发展,在管红艳的任期内公司总资产几乎无增长,主营业务收入甚至出现下降。直到 2009 年,许荣茂的女儿许薇薇接任总裁,家族资产注入公司总资产猛增。管红艳任期内的公司战略仅仅是维持现状,直到控股家族重新重视公司并任命许荣茂的女儿接任总裁才是本书讨论的第一代向第二代的经营权让渡。

择将内地优势项目集体打包于 2006 年在香港上市，许荣茂个人持有 66％的绝对权益，取名为世茂房地产（0813．HK），筹资 37 亿港币①。上市前，世茂房地产土地储备为 1034 万平方米，一年后达到 2063 万平方米，住宅、商业地产、酒店物业全面铺开快速扩张。随着 A 股解决股权分置问题市场活跃度上升，估值泡沫再次吸引许氏家族，反观香港股市交易冷淡上市公司成长乏力。许氏家族开始重视 A 股中的世茂股份②，将低回报率的商业资产从世茂房地产（0813．HK）中剥离溢价注入给 A 股上市公司，确保香港上市公司的高成长性和融资效率；另外，由于在世茂房地产中家族的超高持股比例，这种溢价操作实现了家族财富的增值和套现。

世茂的交接班安排。2009 年，由于商业资产的注入，世茂房地产直接成为世茂股份的最大股东，许氏家族持股比例从之前的 37.6％提升到当下的 68.14％，旨在将世茂股份打造成专业的商业地产公司，许荣茂委任女儿许薇薇为董事局副主席、总裁，儿子许世坛为董事，自己继续留任董事长，家族谱系图如图 4.5 所示。但是，按照《世茂股份 2015 年年报》显示，在 150 亿元的营业收入中，住宅销售为 107.8 亿元，商业地产销售为 30.1 亿元，其余为广场运营、物业组建、影院、百货、酒店等收入，意味着十年来母公司世茂房地产（0813．HK）与子公司世茂股份（600823．SH）避免同业竞争的承诺还没有实现。世茂房地产（0813．HK）由许荣茂的儿子许世坛负责经营，而世茂股份（600823．SH）由许荣茂的女儿许薇薇负责经营。许薇薇接手的世茂股份是被家族边缘化的企业，公司的资产与业绩一开始就不如弟弟的香港上市公司那么优质，如果避免同业竞争势必放弃住宅地产，困住了自己的手脚。为了家庭的和谐，许荣茂只能允许两个孩子各自发展。

---

① 2001 年，许荣茂曾经借壳香港上市公司东建科讯（0649．HK）实现在港股上市并更名为世茂中国，但是交易清淡，股价低迷，难以承担资本运作的平台，2007 年私有化后退市。

② 在 2006 年以前，许荣茂在世茂股份中的持股比例长期维持在 26.43％。直到 2006 年 6 月，股权分置改革流通股股东每 10 股获转赠 2.59 股。为了维持企业的最大股东地位，许氏家族受让了第二大股东北京中兴瑞泰投资发展公司的持股，并且在二级市场上增持股份，家族持股达到 37.64％。

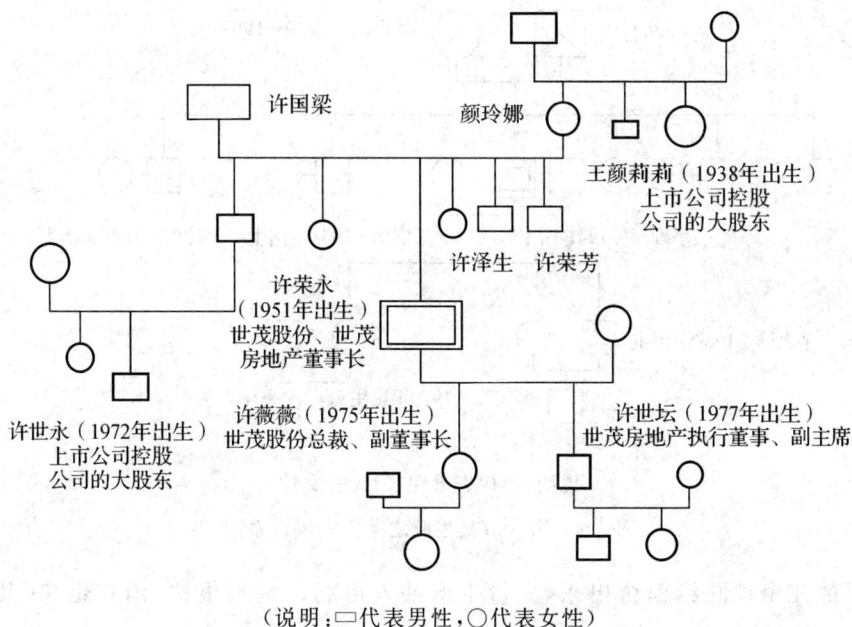

（说明:□代表男性,○代表女性）

图 4.5　世茂股份控股之许氏家族谱系图

4.3.3　方太厨具

　　茅理翔、茅忠群父子于 1996 年共同创业成立方太厨具有限公司,专注于厨电领域,坚持"专业、高端、负责"的战略性定位,从事高档嵌入式厨房电器的研发和制造,现拥有吸油烟机、嵌入式灶具、嵌入式消毒柜、嵌入式微波炉、嵌入式烤箱、热水器、水槽洗碗机七大产品线,在 2015 年完成销售额 70 亿元。茅氏家族谱系图如图 4.6 所示。

1.方太茅氏家族的创业历程

　　1965 年 4 月,浙江慈溪市长河镇社队文化教员茅理翔参与创办了镇上第一家社队企业长河镇综合厂,组织社员在农闲季节依靠传统技术编织草帽,有时也利用国有服装企业剩余的布匹边角料生产劳保服装和手套。社队企业还谈不上真正的企业,但是为改革开放后的企业家队伍培养了人才。1985 年,茅理翔开始了第一次创业,承包慈溪无线电儿厂生产电视机零件——高频触头。这个部件是茅理翔在火车上用两包香烟从国企采购员手中换来的,拿回样品联合

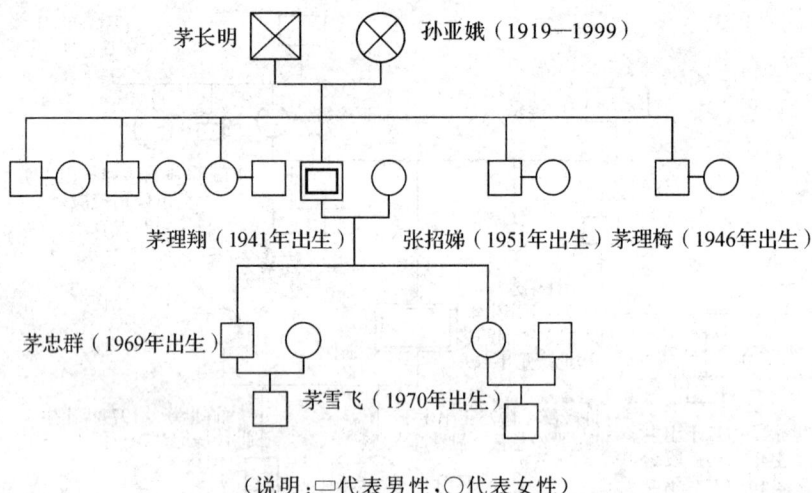

（说明：□代表男性，○代表女性）

图 4.6　方太厨具控股之茅氏家族谱系图

乡里的几个锁匠给模仿出来，大量生产冲入市场。崛起很快，消亡也快，其他企业也能模仿，再加上 1986 年国家宏观调控，银行贷不到款，乡镇企业拿不到订单，连续八个月的工资发不出去，工厂走了赖以信任的副厂长和八个技术员，厂内缺乏委以重托的管理者。茅理翔的爱人张招娣原本在长河针织厂当副厂长，她立即辞职支持丈夫加盟管理工厂生产事务。将全家的身家性命全部压在企业的茅理翔四处寻找商机，生产与传统煤气灶配套的电子点火枪，并利用多年广交会门口摆摊的机会获得订单，后发展成为"全球点火枪大王"。

　　1992 年茅理翔要过两个"关"。这一年，全省推行乡镇企业改制。茅理翔的飞翔集团成立，厂长摇身一变成为老板，职工们失去了安全感。改制过程回购社队农民的股份也不太顺利，茅家的亲戚朋友都吵到了家里头。第二个"关"是给飞翔点火枪配套的塑料外协厂停止供货也生产点火枪，还在广交会上摆摊，价格更低，上下游合作伙伴变成了竞争对手。刚刚结婚做护士的女儿与银行工作的女婿，放弃了体面与稳定的工作，下海办工厂给父亲生产塑料件做配套。

　　解决了供应商问题，并没有让企业的处境变好。原本从国外模仿的、低技术含量的飞翔集团点火枪，如今也面临着被模仿的命运，广交会上价格由 1.2 美元跌到 0.3 美元，点火器已经没有出路。此时，茅理翔关节炎再次来袭，每天吃着止痛药四处找可投资的产品，河南出差时长途车滚落山坡，茅理翔虽说没有受伤但是在山坡上寒风中坐等天明。这时茅理翔想到了儿子。1995 年，茅理翔的儿子准备出国攻读博士学位。看到转型不易的父母，茅忠群提出了回家帮忙的"约法三章"：一是公司必须搬出长河镇；二是基本不带老员工，这两条确定了新企业必须摆脱当时纠缠不清的乡镇企业产权大争论；三是重大决策由自己说了算。在茅忠群的坚持下，研发和生产符合中国煎、炸、炒烹饪特色的吸油烟机，停止使用涵盖父亲和妹妹名字的"飞翔"商标，聘请香港卫视久负盛名的烹饪节目主持人方太做广告，将香港知名人士与高档油烟机的品牌定位结合在一起，刮起"方太旋风"，产品推向市场就被一抢而空。方太厨具的持股情况如图 4.7 所示。

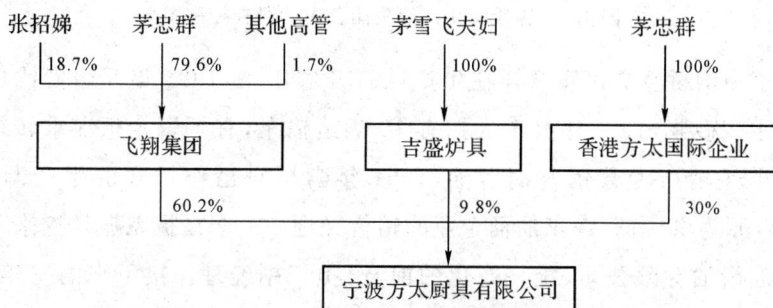

图 4.7　茅氏家族对方太厨具的控制链条

2. 方太的传承安排

　　父子共同创业，儿子茅忠群的成长速度超过了父亲茅理翔的计划。茅忠群先后主管研发、市场部门各三年，之后被委任为副总经理全面掌管企业。到了 2005 年，茅理翔完成"带三年、帮三年、看三年"合计九年之后彻底放权，委任儿子为总经理，自己第三次创业开办家业长青接班人培训学校，马不停蹄地在外面上课做培训，自己作为董事长很少出现在公司。

4.3.4　统一石化

　　统一石化(后更名为霍氏文化产业集团公司)始创人霍振祥的创业是从 1983 年个体户开货车跑运输开始的，在上世纪 90 年代初改为生产润滑油，在家族成员和经理人团队的合作下，从 3000 多家民营润滑油企业中脱颖而出，2003 年销售额达到 12 亿元。这一年时值海湾战争，企业拿出 6000 万元以"少一些摩擦，多一些润滑"的广告词在央视播出，帮助公司销售额一年后猛增至 20 亿元。如今公司已是总资产超 50 亿元，年收入超过 60 亿元的综合集团，旗下拥有现代仓储物流、能源、茶叶、旅游度假地产、金融业务五个板块。霍氏家族对集团的控制链条如图 4.8 所示，家族图谱如图 4.9 所示。

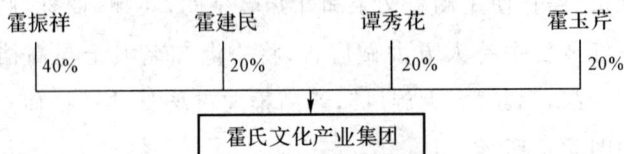

图 4.8　霍氏文化产业集团公司的股权控制图

　　北京卢沟桥乡农民霍振祥在生产队就开农用车，1983 年开始借钱自己跑运输做水泥砂浆，1988 年其个人拥有 10 辆运输车，有了资金想谋求转行。他先是开小经销店专营销售润滑油，1991 年尝试自己作坊式的生产调配油。1993 年，原为供应商、一家油桶企业的销售经理——李嘉被霍振祥挖来北京帝王高级润滑油有限公司（统一石化的前身）担任副经理。接下来的三年，销售额从 1200 万元增长到 3000 万元后达到 8700 万元。1995 年，工厂搬到北京大兴，霍振祥将总经理的职位交给李嘉。获得了"待人宽厚、行事公平"霍董事长的高度信任，总经理签字权限门槛从 100 万元起不断提升。在央视广告会招标前，李嘉专程到董事长家中汇报拟出 6000 万元的预算，霍振祥表示可能不够，然后授权李嘉只要小于 7500 万元可以现场自行决定不用请示（刘建强，2005）。以李嘉为首的管理团队在老板霍振祥的支持下大刀阔斧，首先申请注册"统一"润滑油商标，定位中高端产品，制造当时国际流行的复合添加剂调和油；其次是将原有的 B2B 的模式变革为 B2C 的模式，成为国内第一家在电视上做广告的润滑油品牌；接着在大兴又兴建年产 2 万吨规模的生产基地开始规模化生产，1999 年更是大手笔投入 3.2 亿元建设了 30 万吨当时国内最大的润滑油生产工厂。这一年，霍振祥的儿子霍建民大学毕业，进入公司的三产部门从事物流和仓储相关的工作。

1. 统一的交接班安排

统一润滑油搭上中国经济快速发展特别是汽车消费猛增的顺风车,在 2004—2006 年里销售额不断增长,但是很快原材料——基础油的供应出现中断。统一最终选择了合资,将四分之三的股份卖给壳牌,李嘉继续担任合资公司总经理。霍氏父子重点转向仓储物流、茶叶、度假村及典当行业务,霍建民直接主持了大千世界森林温泉度假区娱乐休闲产业前期的谈判和规划,并学习润滑油生产经验与美国 TOP1 润滑油企业接洽在中国设立子公司重做能源板块,整合成立霍氏文化产业集团公司。

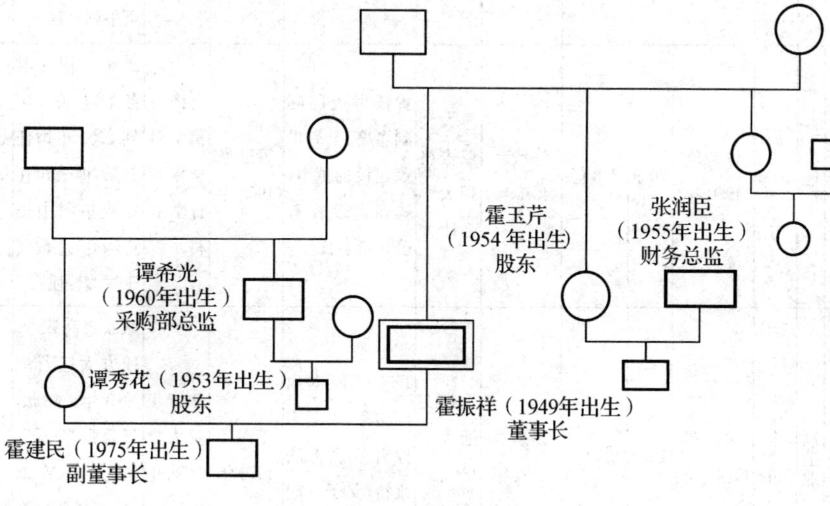

（说明：□代表男性,○代表女性）

图 4.9　控股霍氏文化产业集团之霍氏家族谱系图

经过 5 年在跨国公司工作的李嘉全面学习国际著名石化企业的战略制定和实施、人力资源、风控系统、采购体系与技术方案等全套经验,按照当初出售公司合同中规定的服务 5 年期满后,在 2012 年回到霍氏集团担任 CEO,当然,与之前不同的是他要掌控的是多元化业务。有意思的是,2014 年开始,随着全球油价的下跌,基础油市场全面放开,不再拥有核心原材料资源的壳牌决定通过减负来应对这一局面,于 2015 年将持有 75% 股份的统一润滑油卖回给霍氏集团和一家股权投资公司。统一石化又回到霍氏家族,又在 CEO 李嘉的管理之下。（见表 4.2）

表 4.2 案例企业 CEO 接任决策背景

企业	创业时间	行业	上市时间	创业者出生年份	交班时间	交班前营业收入	家族潜在接班人身份和特征			职业经理人潜在接班人特征			CEO接班人
							出生年月	本科教育	本公司工作经历	出生年月	本科教育	工作经历	
美的集团	1968	制造业	1993	何享健(1942年)	2005	213亿	何剑锋(1967年)	海外大学,具体未知	无本公司工作经历,1994年回国"体外"为美的代工制造商,后转向投资	方洪波(1967年)	华东师范大学历史学本科	大学毕业后二汽集团5年,1992年加入美的,从企业报编辑到市场部、空调事业部总经理,2002年起任董事副总裁	职业经理人
世茂股份	1989	房地产	2000	许荣茂(1950年)	2009	7.8亿	许薇薇(1975年)	澳大利亚麦格理大学会计学	曾任世茂国际副主席、上海世茂建设的董事、福州世茂投资公司董事长	管红艳(1968年)	上海立信会计学院审计学本科	2001年担任财务总监,2004年到2009年担任总裁,但公司在家族集团中被边缘化,总裁属于过渡性质	创始人女儿
方太厨具	1996	制造业	未上市	茅理翔(1942年)	2005	26亿	茅忠群(1969年)	上海交通大学电气工程	1996年原本出国留学,因父亲原有生意无法维持,父子一起创业	王海兵(1973年)	北方工业大学自动化本科	原联想高管,入职方太运营副总3年。除此,行政张总、研发诸总、制造刘总、市场孙总都是一起创业多年的元老	创始人儿子
统一石化	1983	化工	未上市	霍振祥(1949年)	2012	46亿	霍建民(1975年)	重庆理工大学管理信息系统专业	1999年大学毕业进入父亲公司,主要从事物流、典当等外围行业的工作	李嘉(1966年)	北京建工学院城市规划本科	原为霍振祥的供应商,1993年加入公司,1995年任总经理。2006年统一润滑油大部分股权出售给壳牌,李嘉再任壳牌润滑油总经理5年	职业经理人

4.4 案例分析：制度环境、家族目标与 CEO 聘任

4.4.1 民营企业家族内传承"欲说还羞"：不可忽视的制度情境

继日本在上世纪 60 年代崛起之后，亚洲四小龙采用了类似出口导向型战略实现了经济腾飞。但重商主义不能解释所有问题，人们对微观层面上企业经营成功的原因展开了有益的讨论。那些属于亚洲经济奇迹的国家，似乎具有某种共性都广泛受到华人文化的影响。华人经济组织的本质是家族主义，即便是被认为具有国际竞争力的现代企业组织，也是西方科学管理理念与非正式意义上的家族化管理的融合。在高风险的创业阶段，家庭、家族和类似家族的社会关系网络提供了金融资本和人力资本，促进了企业的成立。而这种家族主义具有明显的惯性，即使企业已经度过创业阶段。比如企业在招聘和职位提升时优先考虑亲属，这种现象被称为裙带主义，体现了华人社会中的较短的信任半径。

家族主义的第二种表现为家长式领导。儒家伦理下家庭内部的规则往往也映射到企业管理。在一个家庭，父亲拥有最大的权威，对其他家庭成员恩威并施。同样在一个企业，领导人的立威体现在对部属的支配权力；施恩则体现了人治色彩的特别关照。因此华人企业的家长式领导，除了从威权和仁慈去实施，企业家还要求以德行去体现。领导人必须表现更高的个人操守和修养，以身作则，赢得部属的敬仰与仿效。

家族所有是家族主义的第三种表现。华人社会里，家族对企业的控制，往往是通过比西方国家更高的控股权比重来实现，坚持一股独大的股权结构降低了与其他中小股东的沟通和交易成本，但也因此降低了中小投资者对企业的投资兴趣，家族企业的规模有限。弗朗西斯·福山将信任与创造经济繁荣联系起来。美国、德国等属于典型的高信任度国家。在那里，社会资本存量丰富，社会关系的网络极为发达，生产要素流动顺畅，市场和分工能形成良性互动，资本密集的大型公司能够通过股份募集的方式组建。而华人文化圈则是低信任度的，人们只能在家族内部维持信任并建立合作，从经济组织上看就是只能形成小规模的

家族企业,很难超越家族与"外人"合作。

中国大量的本土型民营企业是由企业主及其家族在改革开放以后创建并逐渐发展壮大的,企业主以个人或家族依然所有和直接经营企业,有些准备逐步将企业交给第二代,这些企业应该是属于家族企业。但是,当被问及你们的企业是不是家族企业的时候,多数企业选择了"不是"!比如万向集团的鲁氏家族,鲁冠球、鲁伟鼎父子控制了万向德农、承德露露、顺发恒业、万向钱潮等上市公司,鲁冠球的三个女儿、女婿也都在家族生意中担任中高级管理岗位。但被问及是不是"子承父业"的家族企业时,深谙政治的鲁冠球明确表示拒绝。

首先,美国企业史大师钱德勒认为经理人革命成就了美国,以科层制度为标志的现代工商业企业代替家庭作坊以及合伙制度为主导的企业形态,是人类的进步。人们开始关注如雷贯耳的大品牌和大企业,对规模较小、主要是以家庭和家族经营的企业却视而不见,甚至认为它们是低效率与落后的代名词。封闭落后、管理低下、裙带关系、职业天花板等词汇广泛用于家族企业。自称建立现代公司制度的公司,无论大小,似乎都不愿意公开承认自己是家族企业。

其次,相对于长寿企业众多的邻国日本,我国的企业历史普遍较短。根据全国工商联主持的 2010 年全国私营企业抽样调查的数据显示,在 4309 家私营企业样本中,最早登记时间为 1989 年,最晚为 2010 年,平均年龄约为 9.0 年。如此短的企业历史,很难谈得上悠久的家族企业。由于计划经济时代我们不允许私营企业存在,新中国成立后对过去的工商企业采取了社会主义改造,历史上存在的家族企业都销声匿迹了,因此改革开放以后不断涌现的民营企业都是全新的,激烈的市场竞争使得与改革开放同龄的企业都所剩不多。

最后,不得不提的是,民营经济作为国民经济的重要组成部分,其合法性也只是党的十五大才确定的,何况在民营经济中最为"私"的家族经济力量。因此企业家似乎对家族企业的"帽子"不甚喜欢,认为只是企业成长的一个阶段,而且要尽快地摆脱家族经营这一阶段,只有股权分散、所有权与经营权分离的现代企业才有生命力。

但纵观国际,数十万的企业有意识地选择了一个"非科学"、"低效率"的组织管理模式,而能够在市场竞争中屡屡胜出。家族企业作为一种组织形态,不仅由来已久,而且到现在全球范围内看仍然是大多数企业选择的模式,企业家度过创业初期甚至到了成熟阶段，很多仍然采用这种形式，原因是家族企业独特的竞争优势，如所有者与管理团队之间的高度信任、突出的成本控制力和投资的长期导向等，这些优势在创业阶段为新生企业创造了极强的生存能力资本，也能在成长过程中给企业以稳定而持续的推力。

子承父业是担负使命和荣誉实现家业长青，这里的家族企业更应该是褒义词。美国庄臣公司是一家创办于1886年，主要经营家庭清洁用品、个人护理用品和杀虫产品的企业。当年刚进入法国市场，为提振消费者对其产品的信任和信心，该企业在戴高乐机场竖立了巨大的广告牌，上面没有关于产品的动人词汇，仅仅是"庄臣，我们是家族企业！"该广告体现的是一百多年的厚重历史，是庄臣家族对产品品质和服务的保证，其家族荣誉观和责任感跃然于上。家族通过股权和(或)管理权控制企业，并且要有延续多代的同一家族成员在经营企业时体现出家族价值观与愿景。公司与家族的愿景往往和父辈的梦想紧紧相连。小汤姆·沃森在自传《父亲、儿子和公司》中提到，他之所以能够安心从公司退休，是因为IBM公司的规模已经发展为从父亲老沃森接手时的两倍，终于完成了父亲托付的使命。小汤姆·沃森巨大的成就只是为了完成父亲对自己的殷切期待，延续父辈的光辉。家族梦想的形成并融入到每一个家族成员的血液不是一蹴而就的。一代又一代人，在家族传统和英雄故事的不断熏陶下，家族梦想不断地清晰，激励着从小耳闻目染的孩子们。他们甚至打小就学会在公司的董事会上大人们的争论中正襟危坐。我国内地企业历史不长，往往是面临第一代创业者向第二代接班人的传承，无论是企业的愿景，还是背后家族的愿景，都没有能够充分沉淀和凝练。所以从这个意义看，如果和诸如纽约时报(创办于1851年)、米其林(创办于1889年)、福特汽车(创办于1903年)、丰田汽车(创办于1933年)、雅诗·兰黛(创办于1946年)、沃尔玛(创办于1962年)等完成三代以上传承，而且经历包括经济危机在内的风风雨雨后，仍然稳健成长。

这些著名的家族企业往往以"家业长青"为荣。由于家族的控制和管理，对企业有很强的责任感和安全意识，他们往往不受那些缺乏耐心只追求短期收益的投资者的影响，而偏离目标。家族企业更愿意在产品品质和研发上投入更多资金，企业的长期导向形成了组织的优势，提高了家族声望。尽管中国科学院作为第一大股东，联想控股不是家族企业，但是其创始人柳传志，明确声称希望做一个没有家族的家族企业。为什么提到家族企业呢？因为家族企业最容易让继任者有事业心，这是家里的事业，所以就会有更长远的规划和发展（朱建安，陈凌，2012）。

4.4.2　控股家族的非经济目标

按照现有的家族企业研究文献，基于欧美家族企业的分析，以家族为核心的非经济目标可以包括四种类型：（1）家族内部的凝聚力和成员之间的和谐（Sharma et al.，2001）；（2）家族能对企业持续掌控（Handler，1990），实现家业永续（Gomez-Mejia et al.，2007）；（3）家族从与企业的互动中获得的益处（窦军生 et al.，2014），包括获得认同感和自豪感（Zellweger & Nason，2008），明显地感知到社会地位（Dyer & Whetten，2006）；家族成员能够获得安全的工作岗位（Gomez-Mejia，et al.，2001）；（4）家族成员凭借家族企业的成功积累社会资本，得到社会各界有形或无形资源的支持（Corbetta & Salvato，2004）。从现有的四个案例来看，中国控股家族的非经济目标与现有文献基于欧美家族的总结有相似之处，也有重要区别。

第一，家族要保持对企业的持续控制。

家族企业是文化的产物，华人企业中的家长式领导习惯于对企业进行控制（Silin，1976）。家族成员也唯有控制企业才能获得其他的经济和非经济好处。在经理人市场不完善及法律监督不够有效的约束下，对经理人的监督成本过高，不得不找家族成员来降低代理成本，维护企业的控制权（陈凌、王昊，2013）。如果家族成员不适合管理岗位，在雇佣职业经理人时则需要在股权、董事会、管理层等方面对"外人"实施限制。

在由儿子接班的方太案例中，茅理翔第一次创业办无线电九厂，原本信任的副厂长和很多员工离开，是妻子张招娣的加盟才稳住了工厂局势，便于茅理翔外出寻找新的产品；第二次危机是供应商停止供货，又是茅理翔的女儿茅雪飞怀着孕租厂房买设备，生产核心部件解了燃眉之急；第三次危机是电子点火枪被恶性竞争面临巨额亏损时，儿子研究生毕业加盟一起创业生产油烟机拉开了方太厨具的大幕。三次危机及三次家族成员的加盟救急构成了茅理翔创业的历史，创业经历强化了家族对于家族成员（准确地说是核心家庭成员）的信任，也迫使他对外人保持着警惕。这种有限的信任半径（福山，2001），导致了茅氏家族倾向于由儿子担任 CEO 岗位实现对企业的持续控制。

在由女儿接班的世茂案例中，这家 A 股上市公司在 2004—2009 年期间被许氏集团边缘化，家族持股比例不高、总裁也由经理人担任，此期间公司的总资产从 26.2 亿仅仅增长到 27.1 亿元，主营业务收入从 11.3 亿元降到 7.8 亿元。一旦家族确定暂时放弃低估值的香港上市公司，重新做大做强 A 股高估值的世茂股份，将土地与物业资产大幅注入公司，总资产猛增至 159.8 亿元，此时许氏家族持股比例从之前的 37.6% 提到 68.14%，立即启用女儿许薇薇担任总裁兼副董事长，无论是在董事会还是高管层强化家族的控制。

即便是雇请职业经理人担任 CEO 的企业，家族仍然在股权、董事会、经营层面进行某种限制和平衡。在美的集团，家族持股比例是重要的控制权力。2005年股权分置改革前夕，家族合计持有上市公司美的电器的投票权比例为 30.68%，现金流权为 15.8%，如图 4.10 所示。如果按照 A 股普通的惯例，中小投资者手持的流通股可以获得 10 股送 3 股的对价，全流通后的何氏家族将极有可能丧失控股地位。为此，何享健坚持宁愿拿出现金也要降低送股对价，流通股东只获送 1 股外加 5 元现金；并承诺利润增长速度，如果食言母公司美的集团愿意放弃分红全部归中小股东所有。方案得到了通过。何享健还推动个人持股比例高的母公司美的集团从钱湖投资、广东核电等机构股东手里受让了 2100 万股并在二级市场增持了 1.5 亿股，年后的持股比例如图 4.11 所示，何享健获得了 50.91% 的投票权，以及现金流权 43.74%。有了如此高的现金流权，美的电器自 2006 年起把每年可分配利润的 40% 用于现金分红，何氏家族现金收入源源不断。不仅如此，2006 年 4 月董事会修改了公司章程，特别设置了"金色降落伞"在内的反收购机制，增强了大股东的地位。随着 MBO 进程的加快，顺德天拓投资公司、利迅投资公司变更为美的控股、美的集团，但家族的持股比例一直比较稳定，甚至引入儿媳妇卢德燕与何享健一起在美的控股 100% 持股。当然，后期为了激励高管，以及实现"三权分立"的控制结构引入机构投资者，家族持股比例略有下降到 36% 至今。

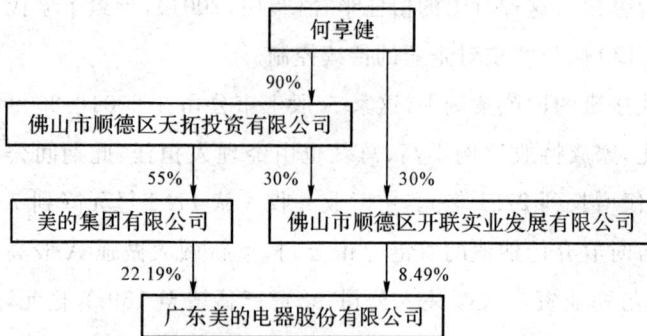

图 4.10　2005 年何氏家族对上市公司的持股链条

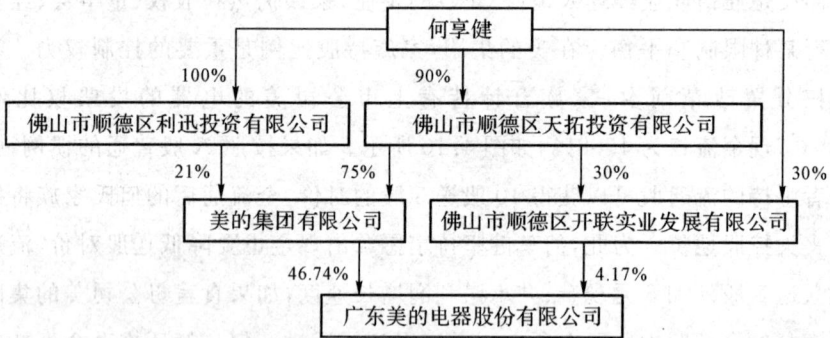

图 4.11　2006 年何氏家族对上市公司的持股链条

　　为了激励职业经理人,家族需要释出股权、引入董事会的平衡力量,但仍然努力地维持着激励经理人与持续控制企业的某种平衡。方洪波从 1992 年进入公司到被委任美的电器 CEO,经过了创业者何享健 13 年的持续考察。2012 年 8 月,何享健辞任美的电器董事长给方洪波,同时提拔了黄晓明、栗建伟两位副董事长,这是美的历史上首次双副董事长的制度安排。方洪波 2001 年升至副总裁,2002 年成为董事,黄晓明是同一年进入董事会担任董秘;栗建伟更是在 2000 年就是公司董秘。这也意味着,黄晓明与栗建伟一直没有在方洪波的领导下工作,是平行的同事关系。2012 年美的电器新的 6 位内部董事中,黄晓明、栗建伟与袁利群同时也是控股公司美的集团的董事,是从美的电器股改开始就跟随何享健的亲密部属,甚至可以说是以母公司下派"钦差"的身份在上市公司以辅佐之名行监督之实。眼下,为了赢得经理人团队,家族的控制力略有下降,形成"家族股东、董事会、经营团队"三权分立的总架构,何享健继续端坐美的集团控股公司的董事长位置,其在美的集团上下员工中余威依旧,美的集团又有儿子在董事会监督,做到了最低程度地损失控制权去激励高管之目的。

在统一石化公司,职业经理人李嘉似乎获得了家族对职业经理人所能给予的最高等级的信任与评价①:

李嘉是我们统一润滑油成功的必要条件,没有李嘉没有企业今天的成就。②

李嘉在 1993 年以霍振祥油桶供应商的身份加盟公司,1995 年 5 月担任副总经理,2 个月后霍振祥干脆将总经理的职位交给他。李嘉得到信任,不仅是因为给出了业绩,而且是从没有让老板及老板所在家族感觉失去控制权。他说:

总经理与老板就像谈恋爱的年轻男女,不仅要对方喜欢你,还要让对方的家里人喜欢你,否则一旦家庭容不得你这个外人的,恋爱中的男女会产生越来越多的矛盾直到分手。③

李嘉作为总经理主动邀请第三方会计师事务所对公司财务进行审计;他主动邀请霍振祥的妹夫张润臣加盟公司担任财务总监,要求霍振祥的内弟谭希光担任最重要的采购部门——基础油采购部的经理。若干年后,霍振祥感觉自己的亲戚能力跟不上十多亿的产值需要,主动把亲戚从李嘉身边调走去自己的新创三产业务继续发工资。李嘉很快又主动挖了一些霍振祥的其他亲戚回来,因为"有些重要岗位需要绝对信任的人去做"(刘建强,2005)。1999 年,霍振祥的儿子霍建民大学毕业在一家电脑公司工作,是李嘉向霍振祥要人,邀请"少主"加入公司。李嘉让这个年轻人担任统一石化公司的物流与仓储新业务——新成立的百利威物流仓储部的副经理。2000 年,霍振祥推出高管持股计划,高管允许拥有20%股份。2006 年,壳牌石油公司收购统一石化 75%的股权,只留有霍振祥 25%的小股份,李嘉等高管虽然是外资企业统一石化的总经理,但是股份已无,等到2014 年霍氏家族将统一石化从壳牌买回,李嘉仍然是没有股份。(见表 4.3)

① 该案例入选中国政法大学商学院与加拿大西安大略大学 Richard Ivey 商学院合作出版的《法商管理案例》,案例名称是《HUO'S GROUP: A PROFESSIONAL MANAGER IN A FAMILY FIRM IN CHINA》,文章探讨职业经理人和家族企业主成功合作的传奇故事和经验。
② 刘红庆.朴行千里:霍振祥和他的"统一"神话[M].北京:北京出版社,2009.
③ 王晶.霍振祥与李嘉:搭档的统一与润滑[J].中国电子商务,2006(2):122-123.

表 4.3　强化治理结构实现长期控制的目标

公司	家族股权	董事会	管理权
美的集团	(1)MBO 不断增持,从 15％增加的 30.68％;(2)股权分置改革增持,从30.68％增加到 50.91％;(3)为实现"家族股东、董事会、经营团队"三权分立,减持到36.21％	(1)2012 年提拔两位没有在方洪波手下工作的元老担任副董事长,监督新任董事长方洪波;(2)儿子何剑锋为董事	充分授权职业经理人方洪波管理团队
世茂股份	(1)股权分置改革增持,从 26.4％增持到37.6％;(2)2009 年,将国内较多资产注入,股权也从 37.6％增持到 68.1％	父、子、女三人分别是董事会的主席、执行董事和副主席	女儿许薇薇为总裁
方太厨具	只有诸总等四位创业元老早年获得了 1.7％的股份,之后家族再无释出;后期公司激励采用身股制,高管和员工只有分红权,没有法律意义上的实际股权	董事会全部为家族成员组成,高管诸总为监事	儿子茅忠群为总裁
统一石化	2005 年高管持有统一石化 20％的股权比例,但是经过出售给壳牌并又再次回归,高管无持股,凯雷投资持有少部分股权。	董事会的五位董事中,其中三位为家族成员	经理人李嘉为总经理,但财务总监,采购总监为家族成员

通过案例分析得到表 4.3 控股家族的治理结构安排,可以得到如下命题:

命题 1　控股家族希望保持对企业的持续控制。

第二,期待实现子女成长与家族和谐。

雇佣家族成员给予岗位实现家族和谐,是以家族为核心的非经济目标(Voordeckers et al.,2007)。本案例研究发现无论是上市公司还是非上市公司,都有企业明确拒绝一些家族成员、特别是非核心家族成员涉入企业,这可能是和信任与利他主义随着关系半径放大而急遽衰减有关;同时也看到有的企业,如美的集团甚至不允许子女进入公司任职。虽然雇佣家族成员不见得是共同的非经济目标,但是一代创业者都普遍地希望子女成长成才,或者利用家族企业锻炼子女,或者利用家族企业向子女创业公司输送订单业务、资金、管理人才等利益,通过家族成员的成长,建立"做大蛋糕"而不是"分蛋糕"的价值观,减少家族利益冲突有助于家族的和谐。

在美的集团,何享健家族成员虽然没有被雇佣进入企业,但是得到了大家长何享健通过美的集团对其创业的输血和支持。1994 年 27 岁的何剑锋回国,同岁的方洪波在这一年得到何享健的赏识,从《美的报》编辑的岗位调任市场部开始"封疆大吏"的锻炼历程。企业上市不久的何享健没有让何剑锋加入,而是支持儿子成立顺德现代实业公司从事小家电生产,为美的公司贴牌。1995 年何剑锋又涉足家电商贸成立了东泽电器,后来成长为广东本土最大的家电连锁企业。1999 年收购鹰牌集团旗下的华英风扇厂,改名为顺德金科电器,与父亲的公司一路之隔。2002 年,已经实现风扇、电饭煲、电暖器等小家电全覆盖的现代实业与金科电器,被何剑锋重组装入其新注册成立的广东盈峰集团公司,年收入超过 13 亿元,员工超过 5000 人。盈峰集团是何享健历练儿子的平台,而他的儿子也被外人理解为体制外成长中的"封疆大吏"。2002 年开始,美的集团开始收缩 OEM(定点生产),很多外协厂纳入公司直管版图。2004 年,何剑锋将现代电器、金科电器卖给美的,其中电风扇业务套现 6500 万元,电饭煲业务获得 1788.75 万元,金科电器被装入美的厨具换回 5200 万元。连锁卖场东泽电器能高价卖给上海永乐,也是得到了父亲的"牵线搭桥"(李默风,2009)。坊间甚至传闻"太子"清理关联交易是为了换届之际进入集团董事会,实现父子交班。但何剑锋已经意识到进入公司接班并不容易,一方面一代创业者何享健在集团内部乃至在国内家电领域的地位很难超越,另一方面,从九十年代开始何享健麾下已经聚集了一大批能力高的职业经理人,恰好何享健在此时提出 MBO(管理层收购),经理人的贡献和地位只能是进一步增加,何剑锋的加入未必能够令其臣服(陈哲,2008)。希望在父亲不甚擅长的金融领域有所建树的何剑锋,利用父亲帮助套现的资金很快从实业转向投资。

何剑锋的资本运作刚刚开始时,美的集团继续给予输血。2006 年,美的集团和旗下的中山佳域投资公司分别以 2.97 元和 4.28 元将两年前以 4.28 元收购的 4600 万股 ST 上风转让给何剑锋的盈峰控股。很快,ST 上风摘帽成功,何剑锋担任浙江上风实业股份有限公司(000967:SZ)的董事长,生产各类风机,为美的集团做上游供应商。有意思的是,如今上风实业的总裁马钢也是来自美的集团,曾是美的生活电器国内营销公司总经理,美的集团国内市场部副总监。父亲对儿子的支持不仅仅负责提供资金、负责销货,还提供优秀的人才。父亲的关爱源源不断，2007年何剑锋通过刚成立的深圳合赢投资公司再次从美的手中收购易方达基金公司25%的股权。

父亲何享健不仅仅输血儿子的公司，还积极扶持女儿们创业，帮助儿女们成长。何家子女深入到美的的生态链中，大女儿何倩嫦持有65.29%的合肥百年模塑科技公司及合肥会通新材料公司股份，且为公司董事长。据《美的集团2015年财报》显示，合肥会通新材料公司向其供货6200万元产品。二女儿何倩兴与张建和在1998年成立新的集团，当初为美的集团贴牌代工生产油烟机。2005年新的集团通过受让或者二级市场收购合计共持有成都旭光电子有限公司27.91%的股权①，从事金属陶瓷电真空器件、高低压配电成套装置、光电器件等产品研发、生产与销售。如今的公司董事长葛行也是来自美的集团，曾经担任厨具事业部副总经理。

何享健对儿子的支持更大，当下父子俩共进退投资第三方。盈峰集团的业务逐步向金融投资转型公司改名为盈峰控股，先后战略投资了开源证券和顺德农商行，这些企业同时被何享健掌控的美的控股部分持有。儿子的盈峰控股成了父亲公司向外投资的先行官与一致行动人，这既是何享健对儿子何剑锋工作的认可，也是给予儿子攻城掠地的信用背书，同时还是以杠杆方式放大了儿子的投资。有理由相信，何剑锋在家电业的实业经历，资本运作的经验，以及金融行业运筹帷幄之手段，让他进入董事会对职业经理人实行监督是绰绰有余的。

雇佣家族成员在方太厨具有限公司也被限制，但不阻碍家族成员的成长，不直接雇佣反而可能有助于家族的和谐。茅理翔的弟弟茅理梅52岁从原单位内退，希望加盟哥哥和侄子开设的方太公司，并且满心期待以"打虎亲兄弟"的血缘和信任能够帮助哥哥掌管采购等重要部门，被茅理翔拒绝。自己是亲兄弟还不如外人被信任和重用，脸上无光的茅理梅向母亲孙亚娥告状。Wolf(1981)把这种现象称为"兄弟对于成年后所要扮演角色的不连贯"，小时候弟弟知道哥哥会让着自己，但是长大后人们的期望变化了，希望弟弟要听哥哥的，这时弟弟还没有做好准备(Wong,1985)。在华人学者郑伯埙看来，没有得到重用的弟弟由老

---

① 根据《旭光股份(600353)2015年年报》数据。

母亲出面斡旋是机智的，也是符合中国文化传统的。一般来说，哥哥知道弟弟不适合这个岗位，但是母命不可违。往往要等到弟弟损害组织证据确凿，再禀明母亲同意后才能开除弟弟，最后还要给弟弟一笔钱自行创业，这就是孝亲和重才的冲突，可谓"孝亲情结"（郑伯壎，1995）。极为孝顺的茅理翔看到快八十高龄的老母亲生气，急忙去解释。母亲的理由是体现中国家文化特色的，赚了钱的哥哥照顾弟弟让家族某种程度的"利益均沾"是天经地义的事情，何况正是这个弟弟当年经常背着重症关节炎不能下地走路的茅理翔去看医生。这场不小的家庭风波中，茅理翔必须跪在地上向母亲解释：

> 开始创业时，兄弟们往往很团结，但在企业做大、各兄弟又娶妻生子后矛盾就会显现。老大有老婆舅子、舅子老婆，背后会有一帮人；老二也会有老婆舅子、舅子老婆，七大姑八大姨的都在企业里面。家族矛盾与管理矛盾一旦搅和在一起，造成管理错位，加上利益、权力和发展思路的纷争，必然会出乱子，企业做不好，兄弟还没得做。[①]

最终茅理翔的母亲同意一个折中方案，将茅理梅安排在余姚（慈溪周边的城市）负责方太产品的经销。茅理梅小赚一笔钱后正式退休。看来，在中国人际关系的差序式格局中，随着社会关系"一圈一圈地推出去"，信任和利他主义的半径急遽衰减。亲戚并没有特别的权利，核心家庭之外的家族内亲戚裙带关系的重要程度可能是被高估了（Freedman，1987）。如果说父母与未成年子女"同居、共炊、合财"为核心家庭，那么子女成年结婚后，核心家庭变为扩展家庭，子女与父母不再共同居住、分别核算，利他主义呈现不同程度的差异（陈凌等，2011）。在茅氏家族内部的产权安排中，茅理翔提出口袋理论——口袋与口袋之间要分清楚，防止家族纷争。在茅理翔看来，夫妻两人和唯一的儿子茅忠群是同一个口袋，而女儿成家独立后，家里就变成两个口袋，分开经营。在方太厨具公司，女儿可以持股进入董事会但不能参与经营担任管理岗位。茅理翔夫妇宁愿扶持女儿在公司外创业，比如1993年，女儿茅雪飞辞去医院工作创业的时候，茅理翔给了资金也给了管理人员帮助其创业成功，但是不同意

---

① 朱建安，陈凌，陈士慧.女性角色、性别意识与创业家族——来自宁波茅氏家族的案例[A].陈凌，李新春.第八届创业与家族企业国际研讨会论文集[C]，2013.

儿子和女儿同在一家公司,因为家族雇佣反而不利于家族和谐,这是现有西方文献中忽视的。

许氏家族掌控下的 A 股上市公司世茂股份和香港上市公司世茂房地产,分别由许荣茂的女儿许薇薇和儿子许世坛掌控。许荣茂作为两家公司的董事长只限于给儿子、女儿提供有关国家政策的研究和宏观战略的建议,往往利用家庭晚餐后的散步时间与子女交换公司发展的一些观点。对于儿子和女儿的培养,许荣茂也是做过安排的,先是让他们到国外接受教育、在家族外的公司锻炼一年、进入世茂从基层做起。许世坛在澳大利亚完成中学和大学的学业,毕业后许世坛并没有直接进入父亲的公司,而是在香港地产代理公司做销售员,每天乘公交车上班,通过电话主动拜访数百位客户,内向害羞的性格得到了锻炼,1998 年正式进入父亲的公司做销售助理,2000 年担任销售总监。那时,普通话还不通顺的许世坛到了北京,必须快速熟悉北京的胡同文化、习惯北方人的做事风格和规则。期间,他还在香港继续攻读关于房地产方面的在职研究生。许薇薇是 1997 年在澳大利亚获得商科的大学学位,先在香港一会计师事务所工作,然后进入家族企业,先期是在北京、福建、黑龙江等楼盘项目"救火"、补缺和轮岗。相差两岁的儿子和女儿之间,也是互有分工。2004 年许荣茂全面授权许世坛接管世茂房地产业务,儿子显然颇为激进,2008 年金融危机资金链出现危机,姐姐许薇薇刚生完小孩再度出山,这也导致世茂员工需要"站队"(李冬洁,2014),从而形成父、子、女的牢固许氏金三角管理组合(张佳竹,2015)。这样的分工安排有"赛马"的意味,也有各自发挥长处快速成长的期许。

在九十年代的统一石化,霍振祥经常邀请李嘉领衔的经营团队来家里一边吃饭一边谈工作,将经营团队和家族事务充分融合,也让儿子霍建民从小接触商业规则。九十年代中期开始,霍建民在重庆理工大学读管理信息系统的本科时,便负责在重庆接货,帮助公司业务延伸到西南地区。大学毕业后,侯建民经霍振祥同意进入统一石化的边缘产业——刚刚成立不久的百利威仓储中心。那是物流仓储业刚刚酝酿兴起的时期,霍建民在大学的管理信息系统专业知识很快能够应用到仓储业务上。此时已充分授权"无事可做"的霍振祥极度看好这个业务,父子两人合作,数年之内向电子商务和传统行业提供了专业、集成、高效的第三方现代仓储物流服务,成为华北地区最大的仓储中心。得到全面锻炼的霍建民也留意到了潜藏的民间金融的巨大前景,聘请了房地产中介公司的几位经纪人然后跑银行和房产局,先后成立金马、天祥等品牌的房地产典当业务,然后扩展到机动车、有价证券、批量物资及民用品的抵押、质押等典当融资业务,当年看似小打小闹的业务如今已然是霍氏集团的四大板块之一。经过跨行业的创业和轮岗之后,霍建民终于在严厉的父亲那里得到首肯,担任霍氏文化产业集团的副董事长,从李嘉总经理那里学习如何全面掌控企业。霍建民在家族公司的岗位安排也是体现了父亲霍振祥力促其成长成才的期待。(见表 4.4)

表 4.4　控制企业促进子女成长和家族和谐的路径

公司	涉入企业的家族成员	让家族成员受益的方式	家族目标
美的集团	何享健的爱人被劝退离开公司;子女不直接在公司任职	何享健通过美的集团向子女创业的公司实行利益输送,支持子女自立门户创业成功	子女的成长和成才,家族和谐
世茂股份	许荣茂的儿子掌控世茂房地产,女儿掌控世茂股份	各自通过两家上市公司分别掌控住宅和商业地产业务,实现姐弟有限度的"赛马"竞争	子女的成长和成才,家族和谐
方太厨具	茅理翔不允许弟弟直接进入公司任职;儿子为公司的总经理;女儿为公司的董事但不能参与管理企业	茅理翔的弟弟最后担任公司在余姚的经销中心主任,小赚一笔钱后退休;由儿子接掌方太厨具;输血女儿创业;坚持认为较多家族成员涉入企业不利于家族和谐	子女的成长和成才,家族和谐
统一石化	霍振祥的妹夫为财务总监,内弟为采购部经理,儿子先后在各个事业部参与父子共同创业	霍振祥的妹妹获得股份;霍振祥的妹夫和内弟在公司任职监督职业经理人;督导锻炼儿子成长	儿子的成长和成才;家族和谐

通过案例分析得到表 4.4 促进子女成长成才和家族和谐的态度和路径,可以得到如下命题:

命题 2　控制企业要兼顾子女成长成才和家族和谐。

第三,借助企业发展提升家族社会资本。

家族的目标还包括通过经营企业积累社会资本,获得一些有形或无形资产支持。当下,已经有不少学者从事了家族的社会资本对创业的影响研究(Arregle等,2007),但是家族成员从企业成功经营中赢得社会资本却非常少见。本书基于四个家族的案例研究发现,家族成员基于企业发展去获取社会资本的态度是参差不齐缺少共性的。

社会资本是基于互惠和信任关系确立起来的声誉和资源(Adler,2002),嵌入在社会关系网络(Lin,2001),借此控制资源收益与资源(Coleman,1990)。组织的社会资本来源于异质性的组织成员贡献,以家族企业为例,社会资源有两种典型的来源:一是涉入企业的强力控制家族,另一种相对较低水平组织承诺的非家族雇员(Arregle et al.,2007)。从家族企业研究看,往往注重于涉入企业家族成员的社会资本对企业的作用机制。基于结构社会资本、关系社会资本和认知社会资本的区分(Nahapiet & Ghoshal,1998),家族创业过程中,由于家族血缘关系、家族成员的关系网络及家族成员的任职特质对家族企业创业机会识别产生显著性影响(陈文婷,何轩,2008)。在我国,控股企业的家族成员社会资本和连带网络有利于降低交易成本,为企业取得体制内的资源,穿透传统再分配体制的封闭性(朱沆等,2012)。

以上文献表明家族的社会资本有利于其企业产出。从逻辑上看,家族成员也能通过成功的家族企业获得社会资本,有利于再去创业。通过案例实现对社会资本提升程度的刻画具有很大的挑战。但是潘越等(2009)研究显示,中国市场经济转型过程中,在法律体系对合同的执行相对落后的背景下,社会资本与政治关系在公司投资决策中能够起到相互替代的作用。社会资本能够促进合作,减少猜疑和算计可能导致的无效率后果(LLSV,1997;Portes,1998;吴超鹏,2009),本案例借助这个逻辑,从家族成员的政治关系来完成对家族成员社会资本的衡量。(见表4.5)

表 4.5   四个控股家族政治身份

公司	创始人政治身份	家族成员政治身份	家族成员媒体曝光率①
美的集团	何享健：既非人大代表，也不是政协委员	儿子何剑锋、女儿何倩嫦、女儿何倩兴：既非人大代表，也不是政协委员	何享健：22 次；何剑锋：2 次；何倩兴、何倩嫦：0 次
世茂股份	许荣茂：全国政协经济委员会副主任	女儿许薇薇：北京政协委员 儿子许世坛：上海政协委员、全国青联委员	许荣茂：11 次；许薇薇：0 次；许世坛：1 次
方太厨具	茅理翔：浙江省人大代表	儿子茅忠群：宁波人大代表 女儿茅雪飞：宁波慈溪政协委员	茅理翔：11 次；茅忠群：32 次；茅雪飞：0 次
统一石化	霍振祥：北京人大代表	儿子霍建民：既非人大代表，也不是政协委员	霍振祥：1 次；霍建民：0 次

从表 4.5 看到，不同的家族对于政治身份的重视程度不同。世茂股份的许氏家族、方太厨具的茅氏家族及统一石化的霍氏家族都重视人大代表、政协委员等政治身份，而唯独美的集团的何氏家族一直避免背负政治身份。何享健自认口才不如柳传志、文笔不如任正非，就连普通话都讲不好的何享健很少接受媒体采访，"我对政治关心，但我清楚自己。不能又想搞经济，又想搞政治，商场同官场不同，我要认清自己（陈润，2010）。"深受其影响的方洪波与何剑锋皆是如此，秉承了"少说多做"的哲学，很少接受媒体的采访。如果将政治关系作为社会资本的替代变量，那么美的何氏家族并不在乎从经营企业中得益去主动获取社会资本，但是其媒体曝光度仍然保持较高的水平，有助于提升其社会资本。

综合上述分析，可以得到如下命题：

命题 3   借助企业的经营，控股家族能够提升其社会资本，但不同的家族是否及多大程度利用其社会资本存在差异。

---

①   以家族核心成员姓名出现进行标题或关键词中检索，在万方数据服务平台搜索的期刊文章（包括专访、人物传记、人物新闻事件）的数量总和（扣除重复检索及评论性、综合性、研究性的文章），检索时间为 2016 年 8 月 20 日。

综合上述非经济目标的分析,可以得到如下命题:

命题 4 职业经理人 CEO 要在家族企业成功须深谙控股家族的非经济目标,家族 CEO 在家族的地位必须基于帮家族实现家族价值创造的经济目标。

4.4.3 外在压力影响家族目标的优先级顺序

家族企业能够实现家族的经济目标和非经济目标,给家族带来财富,满足家族持续控制的愿望,为家族成员提供就业和发展的平台,促进子女的成长、家族和谐与繁衍。但是如果处在不利制度环境下的企业,产权得不到有效保护,地方政府出于政策性负担、政治晋升或是寻租等原因,张开掠夺之手,直接损害企业或者偏袒另外的企业(潘红波等,2008),又如果市场竞争压力较大,企业长期挣扎在生存线上,那么控股家族不会吸收很多的家族成员进入企业承担风险,弱化了家族的持续经营意愿,甚至不少企业家希望子女去"当官"(余明阳,2012)。制度环境对企业行为的影响是主观感知的现象,企业管理者对该情境下的感知做出某种回应(Miller & Shamsie,1999),不利的制度环境感知会使得传承意愿下降(何轩等,2014)。

美的集团所在的家电行业竞争激烈。作为中国最早放开管制的行业,从开始近似完全竞争的市场结构经过不断的并购和重组已演变为寡头市场,乐视、小米等互联网公司跨界经营让家电大企业也受冲击。20 世纪 90 年代初的顺德、容声、格兰仕、万家乐如日中天。1992 年,容声冰箱市场占有率全国第一,坐拥 30 亿元资产。美的只是生产"鸿运扇"的小家电企业,资产不过区区五亿元。如今,容声被海信科龙吸收合并,美的已然成长为千亿级的企业,但掌舵人仍然如履薄冰。在这样的竞争态势下,何享健只能盯住经济目标即价值创造与企业的发展,要么打败别人,要么被别人打败。何享健表示:

我的人生目标很明确,就是把美的做大做强,就是干企业,而干企业就是要赢利、要赚钱。[1]

---

[1] 陈润.生活可以更美的:何享健的美的人生[M].北京:华文出版社,2010.

随着何享健的逐渐年老，能够扛过大旗继续何享健梦想的只能是能力更胜一筹的职业经理人方洪波。方洪波在美的威信来源于带领美的空调打的翻身仗。1997 年美的空调业绩大幅下滑，全国市场占有率排名从第三跌至第七，当地政府甚至有意让科龙收购美的。在美的陷入谷底之际，方洪波新任空调国内事业部总经理，上任大胆聘用大学毕业生去整合每个省的营销渠道，组建 19 批"营销小虎队"，大刀阔斧向市场破局，一年后销售额实现 200％增长。制冷集团在美的可谓是最重要的盈利平台，空调更是重中之重。时至今日，空调及零配件收入仍然占整个集团公司营业收入的 46.58％[①]，占据半壁江山。似乎只有销售出身的方洪波才能带领美的对抗关键竞争对手——同样是销售出身的董明珠领导的格力电器。方洪波完成了对华凌、荣事达、小天鹅的系列收购，将美的从原来仅仅在空调和小家电等领域的优势，扩张到白电的冰箱和洗衣机，迈进千亿企业的门槛。

对何享健来说，美的集团带给家族直接经济价值（如表 4.6 所示），而非经济目标也需要尽可能予以兼顾。何享健通过美的集团的关联交易，向子女创业企业进行输血[②]，达到"扶上马、送一程"支持子女成长实现家族和谐的目的，如表 4.7 所示。当然，从与何氏子女的关联交易总额占美的集团营收的比例看，从 2008 年的 2.16％减少到 2015 年的 0.71％，出现了明显下降趋势，这和美的集团营收大幅上升有关，也和上市公司维护中小股东权益降低关联交易的治理要求有关，也可能是何氏子女的企业逐步成长已然可以"断奶"、"脱钩"自我成长。何氏子女的企业现已经成为美的之外另一个千亿市值的"隐形美的"（王媛，2015）。美的集团的职业化与何氏创业家族的兴起并不矛盾。家电企业做大做强，家族人力资本无法支撑需要引进并依靠职业经理人团队，同时作为上市公司，美的集团必须不断创造价值回报股东、员工、社会和国家。众多子女在外创业，形成创业家族与何氏企业家网络（陈凌、朱建安，2008）。何享健实现了经济目标又兼顾了非经济目标，既是成功的企业家还是自豪的家长。

---

① 《美的集团 2015 年年报》，第 23 页。

② 根据《美的电器 2008 年年报》显示，美的与何享健之女何倩嫦掌控的顺德百年同创塑胶公司和芜湖百年科技公司分别进行了 4.05 亿元和 1.99 亿元的关联交易，采用的是非常少见的成本加成计价方法。

表 4.6　何氏家族在美的集团的权益

年份	总股本	家族持股比例	年末收盘价	家族持股市值（千元）	归属股东净利润（千元）	股东分红金额（千元）	家族分红金额（千元）
2015	4,267,391,228	36.21%	32.82	50,714,198	12,706,725	5,120,869	1,854,267
2014	4,215,808,472	36.64%	27.44	42,385,806	10,502,220	4,215,808	1,544,672
2013	1,686,323,389	36.64%	50.00	30,893,444	5,317,458	3,372,647	1,235,738

仍然需要追问：何享健有没有可能在公司内同为企业家和家长？为什么何享健早年没有将儿子何剑锋招进公司予以重点培养呢？这是和制度环境所决定的家族目标有关。很多家族企业在上市前夕为了体现职业化、减少内部人控制的刻板印象，主动让企业主或其他联合创始人的一些家族成员离开股份公司管理岗位，要么担任股东、董事、监事等，要么直接回归家庭（朱建安、阮静波等，2008；储小平，2007）。最常见离开工作岗位的往往是企业家的配偶，正如在美的集团案例中何享健的妻子梁凤钗。梁凤钗早年是跟随何享健共同创业的街办塑料生产组 23 位工人之一，在生产车间做工人一做十五年，1993 年在仓库保管员的岗位上被何享健劝回家，与梁凤钗一起回家的还有其他数十位不符合企业发展的老员工。何享健亲属没有直接涉入经营管理，有利于集体企业的股份制改造。

何享健实施 MBO 恰好是在国有资产流失争论的背景下展开的，其私有化过程小心谨慎，让家族成员直接进入公司做"储君"培养准备接班显得不合时宜。国有经济中企业家人力资本如何得到合理回报的问题一直阻挡在产权经济学与大众面前。Grossman & Hart(1986)、Hart & Moore(1990)提出了剩余索取权和剩余收益权对等的有效激励要件。为了理顺产权关系实现激励与约束的对等，从 20 世纪 90 年代初开始，很多国营、集团企业开始了 MBO 历程，希望建立产权清晰、权责明确、政企分开、管理科学的现代公司制度。以股权激励原有厂长经理的积极性，但也遇到国有资产流失的争论。此时，有学者将私营化与家族制联系起来，"国企民营化导致家族制"的论断将家族企业作为负面的组织形态，并把家族企业与关键人大权独揽、集控制权、执行权和监督权于一身，操控股东大会、董事会与监事会形同橡皮图章等现象混为一谈（姚乐，2005）。很多人主张国企改革 MBO 要暂停,避免走向家族企业(陈文科,2005;刘开云,2005),甚至认为民企也要走出家族制否则内部人控制影响可持续发展(何光辉、杨咸月,2005)。何享健领导的 MBO 也是充满了曲折。2000 年 4 月,何享健等专门成立顺德市美托投资有限公司,其中工会委员会占比 22.9%,何享健等 21 位高管占比 77.1%,替代集体经济背景的顺德市北滘经济发展总公司成为第一大股东。一年之后,工会委员会所持股份转让给何享健、陈大江、冯静梅、陈康宁、梁结银五人。21 位高管所持股份也向何享健、陈大江等人集中。2002 年,陈大江等人所持股份被装入顺德市利迅投资有限公司,占美的 45% 的股份,何享健个人占有剩余的 55% 并装入天拓投资公司。2003 年 12 月,顺德市美托投资有限公司申请变更名称为佛山市美的集团有限公司。2004 年,又变更为美的集团有限公司。之后,何享健个人持有的天拓投资在美的集团比例持续升高,利讯投资在美的集团比例不断下降,并吸收袁利群、栗建伟、黄晓明等高管持股。2008 年,利讯投资公司把部分股权分别转让给方洪波、黄健等高管。2010 年 7 月,美的集团股东结构再次发生变更,天拓投资吸收合并利迅投资并更名为佛山市顺德区美的投资控股有限公司,到了 9 月,何享健与儿媳卢德燕 100% 持股美的投资控股公司,再利用这个投资控股公司持有美的集团 84% 的股份,而美的集团的剩余 16% 股份是由方洪波(3.6%)、黄健(3%)、袁利群(2.4%)、栗建伟(2%)、黄晓明(2%)、蔡其武(2%)、郑伟康(1%)七位自然人所有。高管持股是大股东对经理人的激励,也是对于首席经理人——方洪波的一种监督,其他高管因为利益绑定已经与大股东利益一致。自此,公司 MBO 全部完成,原来也属于高管(董事长兼总裁)的何享健已经不再是简单的管理者了,而是成为最大的控股股东,占股 84%。在这样的情况下,高管们既有股份又有经营实权,吸纳其他家族成员进入企业担任管理岗位的阻力不小。(见表 4.7、表 4.8)

表 4.7　美的集团与何享健子女企业的关联交易　　　　单位：千元

与美的关联交易的企业（实际控制人）	2008	2009	2010销售	2010采购	2011销售	2011采购	2012销售	2012采购	2013销售	2013采购	2014	2015
合肥百年模塑公司（长女何倩嫦）		118,763	220,434	145,472	201,273	142,807	101,549	70,082	65,778	24,636		
芜湖百年科技公司（长女何倩嫦）	199,446	173,198	248,368	44,992	281,741							
佛山威奇电工（儿子何剑锋）	373,690	357,430	688,958		788,635		484,540					
广东盈科电子公司（儿子何剑锋）		6,056									148,238	
盈峰环境科技公司（儿子何剑锋）											1,166,514	920,390
盈峰投资控股集团（儿子何剑锋）									998,772	44,620		
顺德百年同创塑胶（长女何倩嫦）	404,795		338,171	114,533	597,724	222,063						
顺德百年科技公司（长女何倩嫦）					130,119							
安徽会通新材料（长女何倩嫦）					139,641	71,125	138,813	23,123			—	62,091
关联交易总额占当年公司营收比例	2.16%	1.34%	2.42%		2.77%		0.80%		0.94%		0.93%	0.71%

数据来源：作者根据公司年报整理。

表 4.8　美的集团家族企业主脑的目标与战略行为

第一代企业家何享健访谈录①	企业行为证据	家族的经济/非经济目标
"我们企业要上市，成为职业化、透明的公司"(1993)	妻子梁凤钗从仓管员的岗位被劝退回家	经济目标：职业化，生存，盈利，价值创造
"作为上市公司，美的集团的利润要回报股东、回报员工、回报社会、回报国家"(2000)	无子女进入公司，公司事宜不得在家讨论	经济目标：价值创造，回报利益相关者，拒绝家族成员干预运作
"我不一定要做家族企业"(2002)	无其他家族成员在企业任职，但通过美的集团与子女企业关联交易支持子女创业，比如授权美的低价转让上风实业的股票给儿子何剑锋，一年后何剑锋担任这家上市公司董事长	非经济目标：家庭和谐，帮助子女创业实现个人成就，建立创业家族
"将美的托付给任何一个人都不理智，做大靠的是制度和整个经营团队，任何人的离开不影响公司运作"(2006)	美的的二级平台——日用家电集团、制冷集团、机电集团全面换人，事业部制和二级集团制不断调整，各级授权书的内容每半年换一次	经济目标：生产和发展，价值创造，必须跟上行业环境的变化
"国外很多成功家族企业，但是我们不选做家族企业"(2009)	与子女企业的关联交易逐年下降	经济目标：美的要成为全球运营的科技型公司
"一生只做好一个企业，退休后只做股东"(2010)	在 2010 年公司突破千亿元营业收入额暨公司大楼落成的庆典晚宴上，企业高管们在主桌觥筹交错，儿子何剑锋作为地方企业家代表应邀出席，位置是离主桌很远的偏席	家族与企业界限清晰，有意识地对家族的非经济目标进行限制，未来家族只是作为大股东参与美的的成长所带来的经济家族

---

① 陈润.生活可以更美的：何享健的美的人生[M].北京：华文出版社，2010.

续表

第一代企业家何享健访谈录	企业行为证据	家族的经济/非经济目标
"因为我的母亲，我们何氏家族成立这个家族式慈善基金会，希望永续传承下去"（2012）	家族 100% 持股的美的控股公司出资 5000 万注册成立"何享健家族基金会"，承诺捐赠 4 亿元用于顺德养老事业，儿子为基金会主席，两个女儿为理事长	非经济目标为主：家族声誉、家族凝聚力；创始人退休后老有所为。也兼顾经济利益：由何剑锋负责基金的运作；家族全资控股公司捐赠，免相应的税收

产权量化界定的道路有风险，从现在回头看，何享健与 TCL 的李东升 MBO 成功使得企业蓬勃发展，但是健力宝的李经纬与科龙的潘宁没有得到足够的政策支持与宽容环境黯然离去，企业也不再辉煌。从"郎顾之争"到"郎张之争"，国企改制的企业家非常谨慎，减少家族成员涉入企业以免落人口实。在这样的背景下，何享健一直没有找到合适的时间把何剑锋放入公司培养，直到何剑锋也没有兴趣和信心进入公司。

美的集团在制度环境和竞争压力下，家族以企业的生存和盈利作为主要的目标，最终选择能力突出的职业经理人为 CEO 接管经营权。类似的还有统一石化，之所以选择由经理人李嘉担任 CEO，也和企业所处的竞争压力有关。中国汽车消费的快速成长带动了润滑油的产业发展，统一润滑油能够从 3000 多家民营润滑油制造业中脱颖而出已然不易，但是即便如此，它要面临的是：央企中国石化长城润滑油、央企中国石油昆仑润滑油，外企壳牌、美孚、嘉实多、道达尔等国际油气巨头的联合夹击。企业在夹缝生存的控股家族会把企业的生存和发展作为首要的目标。霍振祥表示：

公司是大家的公司，市场上有钱，大家同心协力步调一致去挣。挣了钱大家花，我不会看成是我自己的私有财产。[①]

2003 年，年销售额刚超过 12 亿元大关的统一润滑油在李嘉的操盘下，支付 6000 万元斩获央视广告润滑油行业黄金第一标，利用"多一点润滑，少一点摩擦"的广告词在伊拉克战争的背景下深入人心，2004 年销售额猛增到 20 亿。但在下

---

① 刘建强.李嘉、霍振祥的幸福生活[J].中国企业家,2005,20:102—104.

一年央视广告招标会上,昆仑和长城润滑油分别报出 1.13 亿和 0.93 亿的高价。央企觉醒之后,统一润滑油失去发言机会;2004 年,快速成长的统一润滑油还在原材料方面被狙击,国内的中石油和中石化不再提供基础油用于其生产;在国外,美孚、BP、壳牌等巨头掌控了 80% 的基础油供应,央企与国际巨头卡住统一原材料供应的咽喉;统一润滑油还面临资金压力,2005 年国际油价大涨,尚有业务往来的国外供应商要求现金结算,统一石化筹集现金殊为不易,而上市筹资因为程序复杂、不可控因素很多也得作罢,更为重要的是基础油需要长期稳定资金以确保稳定质量的基础油供应,在如此环境下,统一石化 30 亿元的销售额已然到了天花板。最终在 2006 年,梦想百年企业的统一石化不得不与基础油供应商——国际著名的石油公司巨头签订股权互换协议,达成所谓的长期战略合作关系——壳牌获得了公司 75% 的股权,民企在国企和外企的夹缝中生存环境可见一斑。在 1999—2006 年,这也是霍振祥的儿子霍建民刚刚大学毕业进入职场的七年,李嘉较霍振祥年轻 17 岁,霍建民又比李嘉年轻 9 岁,霍建民主要协助父亲在其他三产方面创业,要接管 40 万吨润滑油生产和销售重任,显然无能为力。再说李嘉恪守职业经理人角色,能够让家族放心,又能帮家族赚钱,何乐不为呢?

　　本案例中的第三个制造业企业——方太厨具有限公司同样面临着激烈的市场竞争,早在 1995 年年底茅氏父子就放弃点火枪转行从事何种产品有过争论。父亲茅理翔认为微波炉将进入寻常百姓家,这个市场只有国外少数儿个品牌及国内尚未形成气候的小公司,不是红海竞争格局;反观儿子茅忠群看重的油烟机,国内大小三百多家制造厂商,仅仅浙江就达到百余家,竞争已经白热化。但是茅忠群之所以后来能够杀出重围,正是因为发现了现有油烟机模仿国外产品,不能适应中国煎、炒、炸等烹饪手法及较多香、辣食品的制作需要,存在吸油烟能力弱、机器清洗繁杂、外形呆板单调等问题。这位上海交大电气工程硕士毕业生带领一帮科技人员彻底解决了这些问题,适销对路不断产品创新,刮起方太旋风。市场竞争压力下家族会将企业生存和发展放在更高的优先级,更直接的证据是茅忠群否决了原来"飞翔"的商标,一个含有父亲和妹妹名字、父亲运作多年有感情的商标。茅理翔的幸运是,他的儿子恰好又是能够带领企业持续快速成长的领军人物,因此才选择由儿子接班。值得一提的是,

1996年茅氏父子做方太吸油烟机是另起炉灶、选择离开乡镇、不带走原来的兵马重新开张，彻底与原来并不愉快的改制集体企业切割，儿子接班也少了一些制度环境的压力。

第四个案例世茂股份CEO接任决策中，制度环境和竞争压力同样发挥重要作用。从1989年算起，到2000年收购"万象股份"持股26.4%成为第一大股东，许荣茂从事房地产开发业务已经11年，福建、澳大利亚、北京等几个区域走南闯北业绩不菲，但是利用资本市场的杠杆力量开发房产实现中小房企弯道超车似乎是唯一道路。当然，也要付出信息公开被监管、中小股东参与治理、大股东不能随性而为的代价。更何况，许氏家族持股比例只有26.4%，许荣茂还能担任董事长兼总经理。在他两职合一期间，掏空上市公司行为的批评不绝于耳，如李春玲（2004）、张信东（2003）、孙红（2007）的曝光和深入分析，他以不高的股权比例操控国企改制，也在"郎顾之争"的背景下展开的，家族确实承担了压力。为此，这样的制度环境不利于家族制的经营，为此2004年许荣茂卸去总经理一职交给职业经理个人管红艳暂时过渡，这也符合家族重点依托香港上市公司开展业务的战略意图。随着2009年，家族将大量土地、物业资产装入上市公司，家族持股比例大幅提高，由家族成员执掌CEO具有更高的合法性。毋庸置疑，房地产企业接班更像是金融家族的传承，接班所具备的能力不再是普通工商管理能力，更多的是社会资本和政治关联（Fan et al.,2007），"许荣茂最听政府的话，与当地官员的关系也最好"（曲志，2008）。家族范围内的领导人传承，是一种让上一代社会资本和政治关联存量以最低程度损失传递下去的方式（Fan et al,2014；蔡济铭、朱建安，2014）。《南方人物周刊》曾经报道：酷暑7月，后背湿透但仍然西装革履的许世坛在武汉市政府门口等候新任市长的召见，商谈下拨预售证的事项，因为市长更替的缘故项目一拖再拖，只能由"大老板"许世坛亲自出马从上海总部飞去武汉亲自拜会获得一张迟发的预售证。[①]

根据上述四家企业的分析，得到以下命题：

命题4　制度环境和外部竞争压力对控股家族经济与非经济目标的优先级排序有重要影响。

---

① 李超.许世坛：父辈的旗帜[J].南方人物周刊,2014(19):46—49.

推论 1 市场竞争越激烈,控股家族致力于企业的生存和发展,非经济目标要让位于经济目标。

推论 2 在家族制缺乏合法性的制度环境中,控股家族致力于企业的生存和发展,非经济目标要让位于经济目标。

推论 3 家族所有的上市公司更容易缺乏家族制经营的合法性,相较于非上公司,控股家族要致力于企业的生存和发展,非经济目标要让位于经济目标。

4.4.4 家族目标与子女接班意愿和能力的互动

家族成员涉入企业,需要具备涉入的能力还要有涉入的意愿,一起才能构成家族企业有别于其他组织从事异质性企业行为的充分条件(De Massis et al.,2014;吴炳德,2015)。本研究是对 De Massis et al.(2014)呼吁除了家族成员接班能力之外还需要对家族意愿分析的一种响应,从四家企业背后控股家族非经济目标的组成部分及相较于经济目标的重要性实现对家族目标异质性的刻画,完成对家族的意愿的表达。在案例企业的发展历史看,意愿和能力并非是外生的既定常量,家族的意愿与家族潜在接班人的能力互相产生影响。

从美的集团的创业历史看,何享健非经济目标的内容及经济和非经济目标的重要性排序出现了数次调整,这种调整与家族潜在接班人何享健儿子何剑锋的能力变化有密切关系。1993 年公司刚刚上市,为了吸引各地人才加盟,必须将跟不上发展的元老辞退,首先通过爱人梁凤钗的回归家庭为信号带动人才的聚集,何享健提出要做职业化、透明的上市公司。儿子何剑锋回国后心高气傲,选择了自己在外创业,何享健用让儿子从事给美的贴牌生产的方式提供成长的平台进行其能力的锻炼和提升,非经济目标的主导作用开始显现,但被广东证监会勒令治理关联交易。2004 年,美的清理外部 OEM 合作伙伴,何剑锋套现收割,坊间传闻"太子"将在换届之际进入集团董事会,实现父子交接班,何享健在接受访谈时表示:美的不一定做家族企业。但何剑锋能力似乎跟不上美的快速膨胀,何剑锋意识到进入公司接班并不容易,父亲的地位很难超越,精干的职业经理人团队不易驾驭,何剑锋选择在外从事投资业务,家族通过美的集团追求经济目标再次占据主导位置,何享健此时终于表态:美的选择不做家族企业。何氏家族目标的不断变化与何剑锋能力的提升保持密切的关系。

从方太的案例看，1996年初茅理翔再次创业成立方太厨具有限公司，儿子跟随学习提升管理能力，并带领科研团队主攻破解当时现有品牌油烟机三大弊端，爱人张招娣负责财务审核，核心家庭成员上下齐心为了创业能够成功。随着一股方太旋风，企业在国内首创推出的大圆弧流线型、人工智能型、飓风型吸油烟机解决了普遍存在的油烟机老大难问题，其年产30万台的生产线开足马力还供不应求，儒雅的茅忠群在公司的威望开始积累；很快，茅理翔开始让茅忠群轮岗到市场部门，调研市场拜访客户制定营销和广告策略，经过东南亚金融危机的洗礼，茅忠群坚持高端市场地位咬紧不打价格战，推出新品"银色三系"提升品质拉高性价比，尽管不降价但是将市场份额从第三名提升到第二名，得到了经销商和市场的认可。经过六年创业经验积累，方太站稳脚跟，茅忠群能力得到认可开始全面掌权，企业生存的目标优先级有所下降，家族开始兼顾非经济目标。张招娣率先提出明确方太的股权结构，尽管女儿茅雪飞没有直接参与创业，但是为了家族的和谐给予茅雪飞近10％的股份，同时提出口袋论：茅雪飞出嫁后是另外的口袋，自行在外创业不能参与方太的管理，避免兄妹冲突。茅忠群能力的提升为考虑家族的非经济目标提供了可能。从茅氏案例看出，该家族的首要目标也在不断地变化：在八十年代初，茅理翔就跟儿女提出创办茅氏家族的梦想，也在激励自己持续创业；当九十年代点火器生意失败创立方太之时，企业的生存乃首要目标；随着公司进入快速成长期，以家庭和谐为目标的企业股权安排开始做出调整，但是股权安排仅限于核心的家族成员，岗位仅限于茅理翔夫妇和儿子茅忠群，茅理翔的弟弟和女儿虽然也属于利他主义的范围之内，但是相对于经济目标，大家族的和谐并不是主要任务。

霍振祥创业之初是以汽车运输队起家，无非是希望带着妹妹、妹夫及小舅子等一帮人过上更好的生活，他觉得："运输队就像奶牛，每天挤一些奶滋养着家族，"霍振祥自己掌管就够了。他看到有更好的机会——制造和销售润滑油，选择带领大家做了新的行当。润滑油的竞争压力超乎想象，他必须为企业生存发愁，选择了职业经理人李嘉，此时大家族的部分成员能力跟不上需要必须离开，此时经济目标的优先级高于非经济目标。尽管看重职业经理人的能力不断提升授权，但霍氏也没有放松对企业的控制。特别是霍振祥的儿子大学毕业，开始在石化之外的新兴产业被重点培养,这是家族未来的接班人。霍建民先后在物流与仓储、度假村、典当金融等行业不断地提升和证明自己的能力,霍氏家族的传承目标逐步清晰,职业经理人李嘉可能是霍振祥与其儿子霍建民之间交接班的"二传手"。

许荣茂家族更像是金融家族,他先从证券开始、从事过近十年的纺织实业、最后选择从事房地产开发,目光所及都是生意,资产在 A 股与港股市场之间腾挪撬动家族生意的扩张。许荣茂要把生意和财富传递下去,首先是锻炼好子孙后代的才干。儿女都是经过海外大学、外公司锻炼,然后才回家族企业并从基层干起的,重点学习生意规则,传承政商关系,预判行业大势,儿女各自掌管一个上市公司暗中竞赛,最终家族生意让有能力者掌舵,反正都是许家的子孙后代。子女上交令人欣慰的成绩单更是表明家业永续的梦想可期。

综合以上分析,可以得到以下命题:

命题 5　从企业与家族的生命周期看,家族的意愿与家族潜在接班人的能力之间互相影响。看中非经济目标的控股家族会重视对家族接班人的培养;接班人的能力水平促使控股家族调整其目标。

4.5　总结与讨论

基于华人家族的伦理规则,企业家把在企业拥有的权威也带入日常的家庭生活,凭借给家族创造的财富持家长权威处理家族事务。尽管是他创造了财富,但他更像是子孙家产的托管人,财富留给后代几乎天经地义(Wong,1985)。企业家的财富很大一块来源于企业的剩余控制权,一种基于所有权和经营权的权力(Grossman & Hart,1986;Hart & Moore,1990)。所有权在家族内传承的障碍较少(Bennedsen et al.,2015;范博宏,2012),但因为上一代企业家身上有很多具有重要价值但是不易传递给子女的特殊资产,使得经营权在家族传承上有更多的挑战。家族企业研究提出了家族接班人胜任力模型(刘学方等,2006)、隐性知识等特殊资产的传递模型(窦军生等,2008)来帮助塑造家族接班人如何"有能力"实现经营权的顺利传递。这样的研究显然还是不够,很多家族企业仍然在雇佣一些"没有能力"的家族成员。绝大多数的实证研究显示:家族 CEO 领导下的企业绩效不如职业经理人,更不如一代创业者(Bloom & Van Reenen,2007;Miller et al.,2013)。从企业追求盈利的角度看,这样的 CEO 聘任是无效率的制度安排。可能的解释是:家族企业经营接班人的聘任并非仅仅出于他们的能力或者胜任力,还有非经济目标的考虑。

四家企业有不同的经营接班人类型:美的集团是以方洪波为首的职业经理人团队接班,统一石化是职业经理人李嘉"二传手"式的接班,世茂股份是女儿接班,方太厨具是与儿子共同创业式接班。不同的接班类型,但有着共同的经营权接班决策逻辑。本研究通过美的电器、世茂股份、方太厨具和统一石化的四个案例(案例总结如表 4.9 所示),提出了制度环境和竞争压力下的控股家族目标异质性对企业 CEO 聘任的研究框架。本研究重点提出了控股家族目标异质性的概念,各控股家族的非经济目标不同,而且非经济目标相当于经济目标的优先级也是存在差异。这种目标异质性往往是与制度环境和市场竞争压力有关,也与家族潜在接班人的动态能力水平有关。在非经济目标优先级更高的情况下,控股家族会利用对企业的控制地位让家族成员(主要是子女)接任 CEO,完成第一代创业者经营权的交接班,强化家族对企业的控制,也是为了子女能够在 CEO 岗位上持续的成长,有的还希望让新一代家族成员能够利用 CEO 的成就和影响力获得社会资本及有形或者无形的资源,传承政商关系。

就中国家族企业而言,本研究发现背后的控股家族普遍拥有持续控制企业、通过雇佣子女进入公司或者利用公司输血子女外出创业的方式帮助子女成长成才实现家族的有力繁衍等重要的非经济目标,在制度环境和市场竞争压力稍稍放松的情况下,这些非经济目标可能还被赋予比经济目标更高的优先级,这意味着家族控制的企业会放弃眼下的经济利益去服务于家族的非经济目标。通过四个案例的研究,发现并非所有的家族都认可通过提供家族成员工作岗位能够实现家族和谐,方太茅氏家族更是指出较多的家族成员、可能有竞争关系的家族成员、非核心的家族成员进入企业潜藏了损害家族和谐的隐患;本研究还发现,并非所有的家族会利用企业的成就去获取家族的社会地位和社会资本,这可能与家族价值观有关,也可能与参与经济的方式有关。

本研究还发现在家族制经营缺乏合法性的制度环境中,在市场竞争压力大的情境中,企业的唯一合法性来源于企业的生存并积极创造价值,家族的非经济目标处于不重要的位置,比如从 1993 年企业上市、2000 年开始公司 MBO 等过程中,何享健认为让子女直接进入公司培养锻炼显得不合时宜;在央企外企夹缝中生存的统一润滑油,创始人霍振祥认为儿子霍建民不具有掌管企业的能力,只能请职业经理人李嘉经营设法让企业生存,但是最终还是被外企收购。一旦制度环境和市场竞争压力有所改善后,家族的非经济目标开始得到重视,家族的需要得到兼顾。方太创业 6 年走上正轨之后,茅理翔的爱人张招娣提出要明晰家族内的股权和经营权,以利于家族和谐。在世茂股份,两职合一的许荣茂曾经被批评掏空 A 股上市公司,许家转战香港股市,上市公司也交由职业经理人维持。等到 2009 年其他资产再次注入世茂股份家族持股比例上升到 68% 时,许荣茂马上换掉职业经理人,强化控制并锻炼家族接班人。

本书还提出,从企业与家族的生命周期看,家族的意愿与家族潜在接班人的能力之间互相影响。看中非经济目标的控股家族会重视对家族接班人的培养;接班人的能力水平促使控股家族调整其目标。那些拥有较短的信任半径希望家长持续控制企业的家族,倾向于特别关注子女的成长,想方设法提升子女能力;等到家族接班人的能力有了大幅提升,控股家族会将子女的成长、家族传承等非经济目标给予重要的优先级。

本研究的意义在于通过案例回答了中国家族企业背后控股家族的非经济目标是什么的问题,提出了非经济目标相对于经济目标的重要性才是聘任决策的重要依据,补充了基于胜任力的研究,解释了很多家族成员并不胜任但是仍然得到聘用的现象。本研究提出了一个新的视角,将目标作为控股家族与企业战略行为的链接。本研究还整合了制度环境和竞争压力对企业 CEO 聘任的影响,发现家族目标是其中的传导机制,借此提出制度环境对 CEO 聘任决策的动态化影响路径。

表 4.9　基于家族目标异质性的 CEO 聘任决策

公司	制度环境	市场竞争压力	非经济目标				经济与非经济目标的比较	家族与非家族潜在接班人的能力比较	CEO聘任决策
			家族控制	子女成长和成才	家族和谐	社会地位与社会资源(政治关联)			
美的	集体企业、上市企业、MBO 企业,制度环境不利	很大	***	***	*	低调	非经济目标能够兼顾,经济目标更重要	职业经理人能力更高	职业经理人
世茂	上市企业、制度环境较好,但有许氏家族掏空上市公司的争论	较小	***	***	*	较高调	非经济目标更重要	职业经理人经验更丰富、能力高;但儿女也是经过基层锻炼	女儿
方太	父子共同新创企业,制度环境好,非上市公司	较大	***	***	**	高调	创业到交接班时间短,经济目标更重要	经研发、市场历练,儿子能力突出	儿子
统一	非上市公司	很大	***	***		低调	非经济目标能兼顾,经济目标更重要	经理人能力水平更高	职业经理人

说明：*表示该特征的显著程度,*表示最低,**表示中等,***表示最高。

家族企业 CEO 聘任的理论模型

本书围绕着为何这些企业依然雇家族 CEO 这个核心问题,将高管聘任的研究从企业拓展到企业背后的控股家族,建立家族目标与企业聘任决策之间的逻辑关系。通过第二章的文献及第四章的案例研究,发现家族既追求经济目标,同时也追求以家族为核心的非经济目标(Chrisman 等,2005;2012),两类目标的不同组合构成控股家族目标的异质性。在多目标的指引下,CEO 根据家族委托的多任务及相应的薪酬激励分配努力水平。与其问为什么有的企业聘请家族成员为 CEO,不如问为什么是家族成员而不是职业经理人更能与公司的目标、薪酬和招聘战略相契合。借助多任务委托代理模型,本研究提出控股家族在非经济目标驱动下公司与 CEO 的匹配框架,发现更加重视非经济目标的家族倾向于提供较低激励强度的薪酬合约,对高管的盈利能力要求较低,同时更加重视 CEO 的家族身份。

5.1 匹配视角下的 CEO 聘任

企业雇佣 CEO 是选合适的人并给予激励引导他实现企业确定的目标(Lazear 和 Oyer,2013)。选人与激励以时间先后顺序或者因果关系来形容都不恰当(Bandiera 等,2011;Edmans 和 Gabaix,2011)。聘任是雇主和雇员在双方信息不对称情况下以较高的搜索成本实现的互相匹配(Brown 等,2015;Oyer 和 Schaefer,2011)。应聘者在资质、技能、动力等方面具有不同的特性,而雇主在契合这些属性方面也是千差万别,在劳动力市场上,雇员之间、雇主之间也是互相竞争的关系。在匹配均衡上,意味着如果换其他员工,产出与薪酬之差的公司盈利会下降;如果换掉公司,则会让员工的效用水平下降。此时,公司与员工双方的剩余达到了最大,招聘的新雇员拥有公司匹配的生产率(Jovanovic,1979a)。将合适的职员放在合适的岗位比职员能力的增长更能提升生产率(Rosen,1982)。由于劳动力供求双方可能发送错误信号,最常见的是求职者粉饰其特征,雇主也会掩盖自己的不足,导致较高的搜索成本。工人生产率的真实状况要随着正式工作才逐步显示出来(Jovanovic,1979b)。好的匹配使公司流动性下降、员工稳定性上升(Farber,1999)。

以雇主与雇员的匹配为基础,近期公司-CEO 的匹配研究开始增加(Gabaix 和 Landier,2008;Terviö,2008)。公司与 CEO 的匹配也是源于各自特征的分析。公司在规模、所有权和治理结构方面表现出异质性(Bandiera 等,2011;Bertrand 和 Schoar,2006;Leslie 和 Oyer,2008;Lippi 和 Schivardi,2014)。CEO 则是首先因为能力有所区别。企业既需要 CEO 具备与公司相关的特定能力,也需要其具备一般管理能力。不同公司对两种能力的组合存在异质性需求(Eisfeldt 和 Kuhnen,2013)。从美国上市公司 CEO 来看,因为常见到很多 CEO 在众多公司轮换、跳槽,所以一般管理技能的重要性被认为要超过基于公司特质的管理才能(Bertrand,2009)。CEO 的应聘者们还在风险规避程度、边际努力的负效用上存在差异,这些可能与 CEO 的能力及因此带来的富裕程度有关(Edmans 和 Gabaix,2011)。CEO 在人际关系和政治联系等社会网络方面也表现出个性特征(Ellison 和 Glaeser,1997;Oyer 和 Schaefer,2012;Peng 等,2015)。

在家族企业,与其说是公司-CEO 的匹配,不如说是公司背后的控股家族与 CEO 的匹配。很多职业经理人受困于企业主的独断和家族的裙带主义,被认定为"空降兵不能落地"而举步维艰,缺乏对企业的认同,或早或晚最终选择离开。家族成员与职业经理人互相依赖又互相制约的关系内生于这种特殊的家族制组织。控股家族既需要经理人专业的管理能力和企业家精神,但也要提防其可能的机会主义倾向(杨学儒、李军,2012)。企业主常见的裙带关系影响了经理人职业发展的机会和空间,损害收入与晋升的公平性及对经理人的诚信(张建琦、黄文锋,2003;张建琦、汪凡,2003)。"家"文化表现出负面效应阻碍经理人发挥应有的作用(许晓明等,2012),控股家族甚至损害经理人权力形成"企业内剥夺"(蔡锐,2015),家族雇员的涉入影响了职业经理人对企业绩效的作用(何轩、李新春,2011)。家族成员的商业素质代际下降但仍然不愿退出经营,与以业绩为导向的经理人在经营中发生冲突(缪因知,2013)。企业主让经理人持股的激励反过来损害家族成员的公平感,降低家族成员的决策承诺和决策质量(何轩等,2008)。与其问为什么有的企业聘请家族成员(或职业经理人)为 CEO,不如问为什么是家族成员(或职业经理人)更能与公司的目标、薪酬和招聘战略相匹配。

5.2　多任务背景下的企业-CEO 聘任匹配

董事之间、管理者与员工之间的社会关系纽带不利于组织绩效(Bandiera等,2009;Kramarz 和 Thesmar,2013),控股家族聘请家族成员担任 CEO 也是类似。职业经理人经营企业绩效更好,这并不令人吃惊。Berle 和 Means(1932)早就乐观地认为分散股权结构下专业经理人士所控制的企业是大势所趋,绩效提升是时代变迁的一个部分。那些传统组织不具有两权分离的专业性,不像支薪经理控制的现代工业企业那样能够登堂入室(钱德勒,1987)。但事实上时至今日,无论是在欧洲(Faccio 等,2001)、美国(Pérez-González,2006)还是中国(贺小刚等,2011),仍然有非常多的私营企业、公众公司继续由家族成员经营。这些企业为什么宁愿选择损害绩效的聘用战略值得继续追问。即便是对聘任决策前因变量的少量研究仍然是在企业的层面上从家族的控制权推及经营权(Ansari 等,2014;Lin 和 Hu,2007),也没有从企业背后的家族系统解释企业异质性行为。下文将建立家族目标与企业聘任决策的逻辑关系。

5.2.1　家族企业 CEO 薪酬激励:基于多任务委托代理模型

从委托代理框架看,既然 CEO 的行为是可以隐藏的,那么雇佣合约要能够在信息不对称下给予高管内部化的激励,解决常见的道德风险问题(Mirrlees,1974,1976;Holmstrom,1979;Grossman 和 Hart,1983)。Holmstrom 和 Milgrom(1991)开创了多任务委托代理模型。在一个委托代理关系里,代理人被要求完成委托人指定的多项任务并根据完成情况综合获得薪酬,代理人根据激励水平在多项任务中理性分配其努力程度。国有企业被认为是围绕多任务目标展开经营的组织,高管的薪酬激励强度较弱以防止对维稳和公益目标的忽视,企业在预算软约束下最终"选择了亏损"(Bai 等,2006;Bai 和 Xu,2005;Lin 和 Tan,1999;科尔奈,1986;吕鹏,2010;西丘勒,1994)。

有些家族企业为何选择对企业绩效不利的家族 CEO,也可以从控股家族的多目标中找到逻辑。家族成员涉入企业与家族的目标之间有内在的关系(Lee 和 Rogoff,1996)。控股家族不单从企业利润中获得收益,还从雇佣一些与家族有私人关系的高管(尤其是家族成员)中得到好处。尽管 Sharma 等(1996)早就提出将价值最大化的假设应用到家族企业是不合适的,但一直以来关于家族企业目标的研究相对较少,直到近些年,它才成为理解企业行为的重要视角(De Massis 等,2012)。企业可能在家族的引导下去追求其他不能直接产生经济价值、以家族为中心的目标(Chrisman 等,1996;Chrisman 等,2012)。企业行为背后的非经济驱动力比如维护家族和谐、为家族成员提供"饭碗"(Westhead 和 Cowling,1997)、持续控制企业(Graves 和 Thomas,2008;Voordeckers 等,2007)、维护家族声誉保护社会情感财富等等(Cabrera-Suárez 等,2014;Gómez-Mejía 等,2007;Zellweger 等,2013),需要引起足够的重视。当然,企业在多大程度上追求以家族为核心非经济目标,是由这些目标的重要性和紧迫性决定的,在 Chrisman 等(2012)看来,可以用"家族本质"(family essence)来描述,并由家族的"跨代控制意图"及"家族对企业的承诺"来刻画、度量进行实证分析。本书遵循从家族系统考察企业行为的家族企业研究逻辑路径,提出所谓非经济目标的重要性和紧迫性其本质是经济与非经济目标比较之后的结果,从两种目标的相对重要程度解释企业的雇佣行为。

控股家族需要代理人完成经济和非经济任务。如果家族的效用函数是常替代弹性效用函数(Constant Elasticity of Substitution,简称 CES 函数),那么有表达式:

其中 V_1 为其经济目标的产出,V_2 为非经济目标的产出,θ 表示对经济目标的重视程度,$(1-\theta)$ 为非经济目标的重视程度。之所以选择 CES 函数,是因为当 $\rho=1$ 时,该函数为线性表达式,意味着对于控股家族来说,经济目标和非经济目标是互相可完全替代的;但是当 $\rho \to -\infty$,CES 函数为经济目标与非经济目标的完全互补型;但 $\rho \to 0$ 时,函数为柯布-道格拉斯函数,表示没有哪一种目标可以完全替代另一个目标,即两者的依赖关系(Arrow 等,1961;Solow,1956)。比如控股家族追求公司声誉作为一种非经济目标,也能给那些非家族的其他利益相关者带来经济上的好处(Zellweger 等,2013)。CES 形式的假设,符合现有的家族企业经济目标和非经济目标之间的复杂关系,优于 Bandiera 等(2011)、Block(2011)过于简化的假设。

对于代理人 CEO 来说,需要在经济与非经济两项工作之间分配个人的努力程度,分别是 e_1 与 e_2。因此有产出表达式:

$$V_1 = e_1 + \varepsilon_1, V_2 = e_2 + \varepsilon_2, \varepsilon_i \sim N(0, \sigma_i^2), \sigma_{12} = \sigma_{21} = 0$$

CEO 的薪酬取决于两项任务的完成情况,并从中分别获得 β_1 和 β_2 的分成比例,薪酬函数表达式为:

$$W(V_1, V_2) = \alpha + \beta_1 \cdot V_1 + \beta_2 \cdot V_2$$

同时,CEO 因为投入了努力感知到成本 C,且有 $\frac{dC}{de} > 0, \frac{d^2 C}{de^2} > 0$,可以假设成本函数为 $C(e_1, e_2) = \frac{1}{2} e_1^2 + \frac{1}{2} e_2^2$。另外,该代理人的效用函数为常绝对风险规避函数(Constant Absolute Risk Aversion),简称为 CARA 函数,表达式为 $u(\bar{\omega}) = -e^{-r\bar{\omega}}$,风险规避系数为 r,按照 Arrow(1970)、Pratt(1964)的研究,风险规避系数 $R_a(\bar{\omega}) = -\frac{u''}{u'} = r$,其中 $\bar{\omega} = W(V_1, V_2) - C(e_1, e_2)$。由于代理人风险规避的特征,预期效用函数 UCE 表达式如下所示:

$$UCE = \alpha + \beta_1 \cdot e_1 + \beta_2 \cdot e_2 - \frac{1}{2} e_1^2 - \frac{1}{2} e_2^2 - \frac{1}{2} r\sigma_1^2 \beta_1^2 - \frac{1}{2} r\sigma_2^2 \beta_2^2$$

根据一阶条件 $\frac{\partial UCE}{\partial e_1} = 0, \frac{\partial UCE}{\partial e_2} = 0$,分别有:

$$e_1^* = \beta_1 \tag{1}$$

$$e_2^* = \beta_2 \tag{2}$$

对于控股家族而言,掌控企业的收益函数为:

$$\pi = [\theta V_1^\rho + (1+\theta) V_2^\rho]^{\frac{1}{\rho}} - W(V_1, V_2)$$

由于控股家族作为委托人为风险中性,收益函数的期望值表达式为:

$$E\pi = [\theta V_1^\rho + (1+\theta) V_2^\rho]^{\frac{1}{\rho}} - \alpha - \beta_1 \cdot e_1 - \beta_2 \cdot e_2$$

其设计最优雇佣合约的依据是在约束条件下实现收益函数最大化。在委托人与代理人不对称信息条件下,控股家族无法直接观察 CEO 的努力程度,控股家族预期收益实现最大化取决于 CEO 的激励约束(IC)和参与约束(IR)。激励约束表现为 CEO 实现了 maxUCE，而参与约束是 CEO 在这家公司任职时至少能够获得不低于在其他地方任职的效用水平 $\underline{U}$。

表达式如下：

$$\max E\pi = [\theta V_1^{\rho} + (1-\theta)V_2^{\rho}]^{\frac{1}{\rho}} - \alpha - \beta_1 \cdot e_1 - \beta_2 \cdot e_2 \qquad (3)$$

$$\text{s. t. } \max UCE(IC)$$

$$UCE \geqslant \underline{U}(IR)$$

控股家族会按照代理人的参与约束临界点给予 CEO 报酬 $UCE = \underline{U}$，即：

$$\alpha + \beta_1 \cdot e_1 + \beta_2 \cdot e_2 - \frac{1}{2}e_1^2 - \frac{1}{2}e_2^2 - \frac{1}{2}r\sigma_1^2\beta_1^2 - \frac{1}{2}r\sigma_2^2\beta_2^2 = \underline{U} \qquad (4)$$

将(1)、(2)、(4)代入(3)式，有：

$$E\pi = [\theta\beta_1^{\rho} + (1-\theta)\beta_2^{\rho}]^{\frac{1}{\rho}} - \left[\frac{1}{2}\beta_1^2 + \frac{1}{2}\beta_2^2 + \frac{1}{2}r\sigma_1^2\beta_1^2 + \frac{1}{2}r\sigma_2^2\beta_2^2 + \underline{U}\right] \qquad (5)$$

根据一阶条件 $\frac{\partial E\pi}{\partial \beta_1} = 0, \frac{\partial E\pi}{\partial \beta_2} = 0$，有：

$$\frac{\beta_1^*}{\beta_2^*} = \left[\frac{\theta}{1-\theta} \cdot \frac{1+r\sigma_2^2}{1+r\sigma_1^2}\right]^{\frac{1}{2-\rho}} \qquad (6)$$

推论(1)：因为 $\rho \leqslant 1$，有 $\frac{\partial \left(\frac{\beta_1^*}{\beta_2^*}\right)}{\partial \theta} > 0$。当 θ 上升，即控股家族对经济目标越来越看重时，$\frac{\beta_1^*}{\beta_2^*}$ 将上升，表明依据公司经济绩效发放的薪酬敏感度(分成)上升；反之，当非经济绩效的重要性上升，那么基于企业绩效的薪酬激励将下降。

推论(2)：有 $\frac{\partial \left(\frac{\beta_1^*}{\beta_2^*}\right)}{\partial \sigma_1^2} < 0$，表示完成经济目标的不确定性增加，导致薪酬—绩效敏感性越低，激励强度下降；$\frac{\partial \left(\frac{\beta_1^*}{\beta_2^*}\right)}{\partial \sigma_2^2} > 0$，表示激励强度随着非经济目标的风险上升而上升。结论是控股家族对 CEO 的激励强度也取决于两项工作的完成风险情况，风险越大的工作给予的激励强度越小。

推论(3)：有 $\frac{\partial \left(\frac{\beta_1^*}{\beta_2^*}\right)}{\partial \rho} = \frac{1}{(2-\rho)^2} \cdot \left[\frac{\theta}{1-\theta} \cdot \frac{1+r\sigma_2^2}{1+r\sigma_1^2}\right]^{\frac{1}{2-\rho}} \cdot ln\left(\frac{\theta}{1-\theta} \cdot \frac{1+r\sigma_2^2}{1+r\sigma_1^2}\right)$，如

果 $\dfrac{\theta}{1-\theta} \cdot \dfrac{1+r\sigma_2^2}{1+r\sigma_1^2} > 1$，此时经济目标非常重要且风险较小，而非经济目标不重要且

风险较大，那么 $\dfrac{\partial \left(\dfrac{\beta_1^*}{\beta_2^*}\right)}{\partial \rho} > 0$，即：随着 ρ 增加，两个任务的替代性越强，那么薪酬的

企业绩效敏感性随之增加。反之，如果非经济任务非常重要且风险小，而经济目

标不重要且风险较大，那么 $\dfrac{\partial \left(\dfrac{\beta_1^*}{\beta_2^*}\right)}{\partial \rho} < 0$，此时随着 ρ 增加，两个任务的替代性越强，

那么薪酬的企业绩效敏感性随之下降。

就本研究而言，重要的结论来自推论(1)。多任务委托代理模型推导出激励
强度(以薪酬－绩效敏感性 β_1 衡量)的确定表达式，有 β_1 与非经济目标对控股家
族的重要程度之间的负相关系数：当控股家族对经济目标越来越看重时，$\dfrac{\beta_1^*}{\beta_2^*}$ 将上
升，依据公司经济绩效发放的薪酬敏感度上升；反之，当非经济绩效的重要性上
升，那么基于企业绩效的薪酬激励将下降。

5.2.2　目标异质性与 CEO 能力的匹配模型

基于人事管理经济学(Personnel Economics)的招聘领域研究成果(Bandiera
等，2011；Lazear 和 Oyer，2013)，本书将构建家族企业的非经济目标与高管能力
的匹配模型，试图证明能力较低的高管任职于更看重非经济目标的公司，所获得
的社会剩余超过能力更高的高管在该公司任职。

该模型的假设与上文多任务委托代理下 CEO 激励强度决定模型基本一致，
但为了推导的方便，将控股家族的收益函数从原来的 CES 函数退化为简单的线
性函数，其实质是假设经济目标与非经济目标之间的竞争与替代关系，把非经济
目标理解为控股家族利用控制权攫取的私人收益，这种行为损害了中小股东的
利益。为此有控股家族的效用函数：

$$\theta V + (1-\theta)(S - \lambda \cdot \beta)$$

其中 V 为经济目标的产出，权重为 θ；S 为控股家族从控制企业获取的私人
收益，λ 为 CEO 的能力水平，β 为 CEO 从经济产出中获得的分成率，由于 CEO 会
干扰控股家族攫取私人收益(Morck、Yeung，2003；Porta 等，1999；许静静，

2015),尤其是当 CEO 能力越高及从产出中可以分得的份额越大时,其阻止控股家族堑壕行为的能力越强,如国美案例中的代理人陈晓(高闯、郭斌,2012;徐细雄、刘星,2012)。大股东黄氏家族在 2008 年初要求公司出资 22 亿港元从其家族手中回购股份,得以筹款偿还一笔 24 亿港元的私人贷款。国美电器总裁陈晓认为此举大股东违反公司董事的信托责任及信任,在 2010 年代表公司将黄光裕告上香港法庭。香港证监会证实黄氏回购操作令国美电器及其股东损失约 16 亿港元,作证欺诈证券交易。最终法院判决黄氏家族向公司赔偿 4.2 亿港元。所以,我们的模型以 $(S-\lambda \cdot \beta)$ 表示控股家族剩余的私人收益,赋予的权重为 $(1-\theta)$。

对于 CEO 来说,其努力的投入与企业的产出之间的关系为:

$$V = \lambda^{\frac{1}{2}}(e+\varepsilon), \varepsilon \sim N(0, \sigma^2)$$

CEO 的效用函数为 CARA 函数:

$$U(\bar{\omega}) = e^{r\bar{\omega}}$$

其中:$\bar{\omega} = W(V) - C(e) = \alpha + \beta V - \frac{1}{2}e^2$

代理人 CEO 是风险规避型,有预期效用函数表达式:

$$UCE = \alpha + \beta \lambda^{\frac{1}{2}}e - \frac{1}{2}e^2 - \frac{1}{2}r\lambda\beta^2\sigma^2$$

有一阶条件:$\frac{\partial UCE}{\partial e} = \beta \cdot \lambda^{\frac{1}{2}} - e = 0$,因此有:$e^* = \beta \cdot \lambda^{\frac{1}{2}}$

风险中性的控股家族预期收益函数为:

$$E\pi = [\theta V + (1-\theta)(S-\lambda\beta)] - W(V)$$
$$= \theta V + (1-\theta)(S-\lambda\beta) - \alpha - \beta V$$
$$\text{s. t. } \max UCE \text{(IC)}$$
$$UCE \geqslant \underline{U} \text{(IR)}$$

一阶条件解之得有:

$$\beta^* = \frac{2\theta - 1}{1 + r\sigma^2} \tag{7}$$

设 TS 表示社会总剩余,由公司的预期收益与 CEO 的预期效用函数共同组成:

$$TS = E\pi + UCE = \theta\beta\lambda + (1-\theta)S - (1-\theta)\lambda\beta + U - \frac{1}{2}\beta^2\lambda - \frac{1}{2}r\beta^2\lambda\sigma^2 \quad (8)$$

将式(7)代入(8)有：

$$TS = (1-\theta)S + \frac{(2\theta-1)^2\lambda}{2(1+r\cdot\sigma^2)}$$

假设有两家对经济目标重视程度不同的企业 A 与 B，有 $\theta_A \geqslant \theta_B$；同时有两位能力不同的应聘者 1 号与 2 号，有 $\lambda_1 \geqslant \lambda_2$。

下文能够证明：能力高的 1 号应聘者在对经济目标重视的企业 A 任职 CEO、能力低的 2 号应聘者在对经济目标不甚重视的企业 B 任职，由此匹配带来的社会总剩余，要超过能力高的 1 号应聘者到对经济目标不甚重视的企业 B 任职 CEO、能力低的 2 号应聘者在对经济目标重视的企业 A 任职导致错配下的社会总剩余。

即要证明：$TS[(\theta_A,\lambda_1),(\theta_B,\lambda_2)] \geqslant TS[(\theta_A,\lambda_2),(\theta_B,\lambda_1)]$

则必须有：

$$(1-\theta_A)S + \frac{(2\theta_A-1)^2\lambda_1}{2(1+r\cdot\sigma^2)} + (1-\theta_B)S + \frac{(2\theta_B-1)^2\lambda_2}{2(1+r\cdot\sigma^2)} \geqslant (1-\theta_A)S$$

$$+ \frac{(2\theta_A-1)^2\lambda_2}{2(1+r\cdot\sigma^2)} + (1-\theta_B)S + \frac{(2\theta_B-1)^2\lambda_1}{2(1+r\cdot\sigma^2)}$$

即：$\quad (2\theta_A-1)^2\lambda_1 + (2\theta_B-1)^2\lambda_2 \geqslant (2\theta_A-1)^2\lambda_2 + (2\theta_B-1)^2\lambda_1$

$$[(2\theta_A-1)^2 - (2\theta_B-1)^2]\lambda_1 \geqslant [(2\theta_A-1)^2 - (2\theta_B-1)^2]\lambda_2$$

在 $\theta_A \geqslant \theta_B$，$\lambda_1 \geqslant \lambda_2$ 下，这个不等式是显然成立的。

该模型通过推导 CEO 的最优努力投入程度及企业给予的最优分成率，进一步获得企业与 CEO 的总和剩余 TS 表达式；并通过激励相容原则验证社会总剩余最大的匹配结果是能力高的求职者在重视经济绩效的公司就职，能力低的求职者在相对不重视企业经济绩效的公司就职。

5.2.3 家族企业 CEO 聘任决策模型

在家族成员和非家族成员都可资聘任的假设前提下，借助多任务委托代理模型显示那些更为重视非经济目标的家族企业提供了较低激励强度的薪酬；在经济目标和非经济目标存在替代性关系的情况下，公司-CEO 匹配模型揭示该家族倾向于聘任能力相对较低的 CEO。异质性目标驱动下 CEO 的身份、激励强度和能力具有内生化的特点。从身份上看,家族成员更能得到信任并受益于家族的利他主义(e. g. ,Cai 等,2013),由其出任 CEO 本质上就是强化控制满足家族非经济目标;从能力水平看,更大范围的职业经理人市场挑选出的经理人至少与家族内部挑选的家族成员一样好(Pérez-González,2006;Mehrotra 等,2013);由于家族成员的财富更多及利他主义带来的道德风险(Gayle 和 Miller,2009;Schulze 等,2003;Bandiera 等,2013),职业经理人比家族成员更愿意接受强的薪酬激励。两类人的不同特征,与家族基于目标提供的薪酬激励与所需能力之间实现契合。如下文的表 5.1 经济/非经济目标下的聘任决策第一行显示:当下特别关注经济目标、注重企业价值提升的家族企业,聘任非人格化的 CEO,愿意提供高激励强度的薪酬合约和希望聘请到最有能力的 CEO,因此能够吸引到优秀的职业经理人,即"传贤"而非"传子"。而表 5.1 的第二行所示,更为重视非经济目标的家族企业,只愿意提供强度较小的薪酬激励,不希望聘请能力高的 CEO阻碍家族获取私人利益,偏好薪酬激励、能力也越高的职业经理人不愿意接受如此岗位,唯有家族成员在身份、所需能力和激励强度上都适合,最终被聘任为CEO,表现为"传子"不"传贤"。

表 5.1　经济/非经济目标下的聘任决策

项目	身份	所需能力	激励强度	聘任决策
重视经济目标	无差异(家族/职业经理人)	高(职业经理人)	大(职业经理人)	职业经理人
重视非经济目标	重要(家族成员)	低(家族成员)	小(家族成员)	家族成员

　　家族企业的雇佣合约确有特殊性。就普通员工的雇佣合约看,员工技术水平和工作复杂性相对较低,但家族能够提供相对更长期的工资合约,利用这种岗位的安全性来弥补薪水不高的缺点(Sraer 和 Thesmar,2007)。家族企业提供给雇员不仅仅是岗位和薪酬,甚至还发挥社区服务在内的非经济功能(保罗佩内尔,2005),实现家族、企业和社区多赢的创业目标(杨学儒、欧晓明,2013)。人们总是渴望从家庭、朋友和同僚中获得尊重和认同,获取声望和权力,也希望被大家所接纳(Becker,1998)。控股家族从雇佣中获取的私人收益不能直接货币化

有时无法从雇佣合约中体现。相对于普通员工,家族企业雇佣高管更是有其重要考量。基于血缘的信任和情感纽带,家族企业高管聘任不能简单地套用委托—代理关系(Cruz 等 2010)。家族成员担任 CEO 是实施控制的手段,满足跨代控制意图(Zellweger 等,2012)。一代创业者如果要移交经营权,对家族成员身份的重视可能不亚于能力。控股家族有时如此重视家族利益,以至于偏离企业的经济目标,损害其他相关者的利益。有的家族企业为了满足家族成员之间利他的诉求而牺牲公司效率,比如超乎能力的捐赠去获取家族的声誉与社会地位,再比如以损坏公司职业化的代价追求家族和谐,等等。这些非经济目标不仅将成为家族企业的"阴暗面"(Kellermanns 等,2012;Dou 等,2014),还可能直接影响到 CEO 的聘任决策与提供的薪酬激励。不过,控股家族为了追求非经济目标甘愿放弃财务绩效也不是没有限度的(连燕玲、高皓,2014)。雇佣能力相对不足的家族成员担任 CEO,会让企业承担财富损失的风险。家族不仅仅要平衡当前和未来的财务绩效,还要在追求经济目标和非经济目标中做出权衡取舍。在任命之后,仍然需要公司治理实现对 CEO 的激励和约束,达到其动态化的目标。

5.3 结论与讨论

现有的大量研究显示了家族 CEO 不利于企业绩效,但为何有很多企业即便是上市公司还是雇佣家族成员担任 CEO?盈利逻辑假设与经济现象的不一致是学术研究的动力。从以企业为核心的研究拓展到企业背后的控制性家族,在家族的经济与非经济目标的相对重要性中找到企业雇佣决策的前因变量是本书的脉络。企业背后家族的控制是导致企业独特行为的原因,但家族控制既需要控制的能力(ability)又需要控制的意愿(willingness),单独的能力或者单独的意愿都不能完全解释企业行为。不过,由于控制意愿不容易被获取,既有研究往往是将看得到的显性能力直接替代家族控制,对意愿的研究不足导致无法预测企业其他的战略行为。因为即便是相同的控制能力(如相同的家族所有、管理和治理水平),不同的家族企业仍然可能具有迥异的行为(Chrisman 等,2012)。家族有不同的控制意愿,导致家族企业异质性问题(De Massis 等,2014)。并且,本研究不再是将控制意愿和控制能力当作并行的两个外生变量,而是从控制意愿找到影响控制能力的前置因素,试图弥补控制家族的意愿和能力之间逻辑关系的理论性缺口。为此,本书从两类目标的相对重要性着手研究意愿,解释有的企业为何不顾绩效聘请家族成员担任 CEO,坚持对企业的家族控制。

本书试图从家族的经济和非经济目标为切入口诠释家族意愿,提出了经济/非经济目标——聘任策略与激励强度的分析框架,如表 5.1 聘任决策的逻辑关系所示。多任务委托代理模型显示那些更为重视非经济目标的家族企业提供较低激励强度的薪酬;公司-CEO 匹配模型揭示这些企业只愿意聘任能力相对较低的 CEO;从身份上看,家族成员更能得到信任并受益于家族的利他主义,由其出任 CEO 本质上就是强化控制。在家族企业目标异质性驱动下,CEO 的身份、激励强度和能力具有内生化的特点。在经济目标和非经济目标存在完全替代性的关系时,控股家族可能借助家族 CEO 攫取家族私人利益损害中小股东,为此制度环境和控制权的制衡度可能起到调节攫取私利的冲动与聘任家族 CEO 之间关系的效果。

现有家族企业研究文献仅仅是从非经济目标解释企业行为,比如家族出于维持对企业控制的非经济目标,主导了公司董事会的构成(Voordeckers 等,2007);家族保持社会情感财富的动机影响到公司风险的承担、多元化、高管的堑壕行为、企业承担的社会责任、出售企业的心理价位(如 Gomez-Mejia 等,2007;Berrone 等,2010;Zellweger et al.,2012)。与社会情感财富类似,此时的非经济目标更像是一种研究视角来解释企业行为,而不是可以衡量的变量能够预测企业行为。Chrisman 等(2012)的文献指出家族企业在多大程度上追求以家族为核心的非经济目标,是由这些目标的重要性和紧迫性决定的。本书正是从经济与非经济目标比较后的相对重要性来实际刻画出这种重要性和紧迫性。聘请家族成员担任 CEO,不是因为非经济目标,而是因为非经济目标更为重要。每个家族的目标存在差别,更是在经济与非经济目标的相对重要性上体现了异质性,从而为家族企业行为的异质性提供了更深层次的解读。两类目标的相对重要性,体现了动态性的特征,比单独的非经济目标更能够解释同一个企业在不同阶段、不同情境下的行为。家族企业众多利益相关者之间的依赖和冲突使得这种组织尤为复杂,为目标与行为的研究提供了丰富的要素。

基于控股家族目标异质性的 CEO 聘任研究,将原本外生的高管身份内生化,改变以往研究中过于聚焦 CEO 是否具有家族成员身份而忽视薪酬合约本身的状况,将选人与激励这个看似有先后顺序的活动放在追求家族目标的框架内完成身份、激励和所需能力的匹配和对应。家族企业 CEO 聘任的内生化之所以有必要研究,是帮助回答一代创业者经营权让渡时选择什么样的接班人这个具有时代性的问题,也为企业主和职业经理人如何实现匹配,避免"任人唯亲的老板"、"不落地的经理人"互相指责提供参考。

值得一提的是,本研究利用常替代弹性函数表示控股家族的目标效用函数,其中经济和非经济目标同时为控股家族所追求,两者可以有竞争性的替代关系,也可能是互相增益,体现了家族企业目标的复杂性。家族通过经营企业,既有提高声誉的目标,也有实现盈利的要求,两者可能是竞争性的。但如果引入跨期模型,当期牺牲盈利获取声誉会带来未来期更多的盈利,这种"鱼和熊掌兼得"的模式为构建和谐的家族内外关系提供可能。本书为了推导的方便,各种目标之间互补关系的讨论并未充分展开。另外,在有别于西方情境的中国转型经济和儒家文化传统背景下,哪些是控股家族的非经济目标,不同家族的价值观如何影响这些目标本身就值得研究。在不同的发展阶段和情境下,家族在诸多目标中动态取舍导致迥然的行为差异,还需要大量的研究工作使做出理论贡献成为可能。

控股家族目标异质性与经营权释出倾向的实证分析

6

> 总经理与老板就像谈恋爱的年轻男女,不仅要对方喜欢你,还要让对方的家里人喜欢你,否则一旦家庭容不得你这个外人的,恋爱中的男女会产生越来越多的矛盾直到分手[①]。
>
> ——霍氏集团总经理李嘉

本书的第二章文献综述部分发现了研究文献与现实的缺口:有些控股家族不顾家族 CEO 的绩效折损效应坚持雇佣家族成员。第三章结合中国上市公司样本证实了上述的结论,第四章通过案例尝试以目标对看似"非理性"聘任决策进行解释,第五章通过多任务委托—代理模型以及家族-CEO 匹配模型进行了推导,本章将进行实证分析。

根据 2010 年全国私营企业抽样调查的数据,50 岁以上的企业主中有 32.5%表示没有考虑交班这个问题,有 41.6%希望让子女接班管理本企业,但也有 25.9%明确表示不愿意交班给子女而是请经理人去经营企业[中国民(私)营经济研究会家族企业研究课题组,2011]。为什么企业主不愿意将经营权交班给子女?公司治理框架内内部晋升还是外部招聘的 CEO 更替研究无法解释家族企业经营权交接班为内容的 CEO 聘任。在家族企业研究领域,有学者从外部的制度因素进行了解释(陈凌、王昊,2013;何轩等,2014),也有学者从企业的治理结构(Ansari et al.,2014;陈德球等,2013)和企业人力资本特别是家族接班人的能力(韩朝华等,

---

① 王晶.霍振祥与李嘉:搭档的统一与润滑[J].中国电子商务,2006(2):122—123.

2005；刘学方等,2006)进行了探讨,但还没有看到在委托－代理框架内,CEO受委托要实现控股家族目标任务的研究。就家族企业而言,企业被嵌入在家族之中,家族再嵌入在更大的制度环境中(王明琳,陈凌,2013)。外部制度环境和内部治理结构以调节效应的方式影响着家族与企业的关系。控股家族以实际控制人的角色制定企业战略。

本研究基于 Chrisman et al.(2012)提出的以家族为核心非经济目标构念及Cabrera-Suárez et al.(2014)开发的非经济目标量表,发现不同企业背后控股家族在非经济目标相较于经济目标的重要性方面体现了异质性。非经济目标的重要性与经营权释出聘请职业经理人为创业者退休后新的企业领导人之间具有显著地负效应。一代企业家的掌控力、企业家子女进入家族公司任职,以及外部市场化发展水平起到调节作用。本研究尝试回答以下的问题:(1)在什么样的家族企业里,即便有家族竞争者,职业经理人仍然能够像美的集团方洪波一样有机会突破所谓的“职场天花板”接管企业经营权;(2)企业外部的制度情境、企业内的治理结构如何影响家族目标与接班人选的关系。

本研究的理论贡献是:本书建立了控股家族的目标与选择企业经营接班人之间的逻辑关系,扩展了家族企业传承研究问题。有了家族目标,此研究给民企接班提供了是否“顺利”、“成功”还是“令人满意”的评价标准。本书以非经济目标相对于经济目标的重要程度来刻画了目标异质性,比社会情感财富的研究视角更适合来解释家族企业的异质性问题。此研究是在委托－代理分析框架之内对职业经理人与家族成员做出区分,“自家人”和“外人”差别不仅仅是信任和代理成本,而是两类人在实现家族的非经济和经济目标方面各自的优势,深化了委托－代理的既有研究框架。本研究通过调节效应的探讨,界定了主效应发生作用的边界条件:企业主的决策权力、代际涉入因为影响了两类人的相对优势而强化非经济目标的重要性与聘请职业经理人之间的负效应。因为家族对企业的影响力是企业所嵌入的其他社会网络组织都无法比拟的,本书还提出制度环境起到重要的调节效应而非主效应,是对陈凌、王昊(2013)、何轩等(2014)文献的扩展。

6.1 理论分析与研究假设

随着改革开放第一代企业家的逐渐年老,企业持续发展需要年轻化的接班团队,领导人更替已经进入"关键世代",权力移交首先从经营权让渡开始(Chua 等,2004;贺小刚等,2011)。CEO 创造和引领组织文化、组织变革、形成组织凝聚力(Schein,1992;Tichy & Cohen,1997;Barnard,1968),是对经营结果负责的首要人士(如 Drucker,1954;Lafley,2009)。在家族成员与职业经理人都可资聘任的情况下,CEO 将由谁来接任? 无论对组织的绩效还是组织的生存都有重大影响。在家族企业,CEO 的选聘并非唯一地依赖于候选人的胜任力。从现有文献看,如果雇亲属担任 CEO 的企业生产率会更差(Barth 等,2005),子女从一代创业者手里接任 CEO 后企业绩效下降明显(Bloom 和 Van Reenen,2007),股权相对分散的大型企业由家族 CEO 接任尤为不利(Miller 等,2013)。但是,很多企业似乎无视这样的经验结论,坚持雇佣家族成员接管经营权,无论是在美国的上市公司(Pérez-González,2006),还是中国(贺小刚等,2011)。看上去非理性的选聘行为需要得到解释。

家族企业区别于其他组织的特点是,控股家族注重控制带来的情感价值(Astrachan & Jaskiewicz,2008;Zellweger & Astrachan,2008)、为家族创造和保护社会情感财富(Gomez-Mejia et al.,2007)、对家族成员的利他主义(Lubatkin et al.,2005)、追求企业在家族内的跨代传承实现某种永恒(Chua et al.,1999)。控股家族的非经济目标及相对经济目标的重视程度,为解释家族企业雇佣提供了逻辑的起源。确实,在家族企业,控股家族对企业聘任决策的影响力最大。但是,组织是利益相关者们在外部环境压力下的结盟活动(Cyert & March,1963)。那些直接或间接参与利益分享的相关者需要在组织的决策中发出声音,产生家族目标和其他利益相关者目标的冲突与协调(Simon,1964)。企业外部的制度环境和企业内部的治理结构会在家族目标与企业聘任行为关系中发挥调节作用。

6.1.1 主效应研究假设

家族成员之所以涉入企业,是与家族的目标有着内在的关系(Lee 和

Rogoff,1996)。家族需要企业创造价值,向家族提供收入和财富,这是家族的经济目标和领导企业的经济动力(Sirmon & Hitt,2003；Cabrera-Suárez et al.,2014)。经济目标的实现不仅是来自企业当下的财务指标和经济绩效,还是来自企业能够持续地向客户提供高质量的产品和服务、能够承担社会责任、能够聘请到人才持续实现经济绩效。这看似不如财务数据那般重要,但其具备的这种能力经过每个利益相关者的层层检验和支持(Freeman,1984),反过来改善企业的财务绩效。承担社会责任的企业更容易获得融资(Cheng,Ioannou & Serafeim,et al.,2013),取得类似政治行为的经济效果(Kitzmueller & Shimshack,2012)。众多利益相关者利益得以兼顾的企业赢得声誉,获取竞争优势(Forbrun & Shanley,1990),声誉向社会释放公司特质的信号(Spence,1974),尤其向投资者发送(Milgrom & Roberts,1986),因为声誉本身是一种重要的投资者利益保护机制(李焰、王琳,2013)。通过企业的声誉,综合地构建了家族可以从企业获取、得到社会利益相关者认可并可以持续获取的经济收益。

不过,控股家族不单从企业盈利中获得收益,还能获取其他的非经济方面的收益,如实现家族和谐、获取更高的社会地位、家族身份联接等以家族为核心的非经济目标(Chrisman et al.,2012),企业去追求这些目标不能直接产生经济价值而是给予家族情感方面的"财富"(Chrisman et al.,1996)。这些非经济驱动力有维护家族和谐、为家族成员提供"饭碗"(Westhead 和 Cowling,1997)、持续控制企业(Graves & Thomas,2008；Voordeckers et al.,2007)、维护家族声誉保护社会情感财富等等的作用(Gómez-Mejía et al.,2007；Zellweger et al.,2013),源于家族的价值观和凝聚力等家庭动力系统(Cabrera-Suárez et al.,2014)。不同的家族有不一样的非经济目标,经济目标和非经济目标的相对重要性也各有差异,体现出控股家族目标的异质性。

按照现有的家族企业研究文献,基于欧美家族企业的分析,以家族为核心的非经济目标可以包括四种类型:(1)家族内部的凝聚力和成员之间的和谐(Sharma et al.,2001);(2)家族能对企业持续掌控(Handler,1990),实现家业永续(Gomez-Mejia et al.,2007);(3)家族从与企业的互动获得的益处(窦军生 et al.,2014),包括获得认同感和自豪感(Zellweger & Nason,2008),明显地感知到社会地位(Dyer & Whetten,2006),家族成员能够获得安全的工作岗位(Gomez-

Mejia,et al.,2001);(4)家族成员凭借家族企业的成功积累社会资本,得到社会各界有形或无形资源的支持(Corbetta & Salvato,2004)。从上文的案例分析看,中国控股家族的非经济目标与现有文献基于欧美家族的总结有相似之处,也有重要区别。控股家族普遍希望持续控制企业,帮助子女成长成才实现家族的繁衍及家族和谐等共同的非经济目标,但是对于如何实现家族和谐有不同的认识,是否必须通过雇佣家族成员(尤其是子女)进入公司给予"保护性"岗位及家族是否会利用企业的成就去获取家族的社会地位和社会资本等方面存在差异。

在经济目标和非经济目标存在替代性关系的假设下,本书第二章借助公司-CEO匹配模型中的激励相容原则,验证了社会总和剩余最大的匹配结果是能力高的求职者在重视经济绩效的公司就职,能力低的求职者在相对不重视企业经济绩效的公司就职。在模型中,如果有家族更为重视非经济目标,那么对于能够带来经济绩效显著提升的高能力 CEO 来说,"千里马"得不到"伯乐"的赏识,无法获得足够的经济奖励和社会声誉;反之,家族更为重视经济目标,那么低能力的 CEO 也难以鱼目混珠、滥竽充数。从能力水平看,更大范围的职业经理人市场挑选出的经理人至少与家族内部挑选的家族成员一样好(e. g., Pérez-González,2006;Mehrotra et al.,2013),这也意味着家族 CEO 获聘于那些看重非经济目标的家族企业,而能干的职业经理人受雇于重视经济目标的家族企业,从而找到异质性目标与"传子"还是"传贤"的逻辑关系。

对于当下全面掌控公司的家族权威行动者——家族企业主脑(Dominant Coalition)来说(Cyert & March,1963;Hambrick & Mason,1984;Chua et al.,1999),面临一种不容易决断的权衡取舍困境:家族成员可靠但是接管能力与意愿有所欠缺,经理人能力更高但可能有违背家族利益的风险(Lee et al.,2003)。家族成员拥有更多的财富和权益,他们更看重闲暇:如果担任 CEO 后每周工作投入时间更短,容易被私人事务打断(Bandiera 等,2013),只愿意冒相对低的创业风险(Huybrechts 等,2013)。家族企业还有子女接班意愿不高的苦恼(Sharma et al.,2003;余向前,2009;奚菁等,2014)。控股家族既需要经理人专业的管理能力和企业家精神,但也担心其机会主义倾向(杨学儒、李军,2012)。如兰州啤酒生产企业黄河集团副总经理王雁元将企业资产低价转移到自己公司,职业经理人成了大股东另立董事会违背杨氏家族信托责任(范博宏、梁小菁,

2010)。家族接班人基于血缘和亲缘纽带获得家族信任代表家族控制企业,具备家族价值观和家族特定知识能向其他家族成员进行利他主义式的关爱促进家族和谐,而且子孙后代接班也说明了家族成员成长成才实现了家族的荣耀。职业经理人在服务家族非经济目标方面不如家族接班人。职业经理人与家族冲突的文献并不少见。企业主的家族主义影响了经理人职业发展的机会和空间,损害收入与晋升的公平性及对经理人的诚信(张建琦、黄文锋,2003;张建琦、汪凡,2003)。"家"文化表现出负面效应阻碍经理人发挥应有的作用(许晓明等,2012),控股家族甚至损害经理人权力形成"企业内剥夺"(蔡锐,2015),家族雇员的涉入影响了职业经理人对企业绩效的作用(何轩、李新春,2011)。家族成员的商业素质代际下降但仍然不愿退出经营,与以业绩为导向的经理人在经营中发生冲突(缪因知,2013)。企业主让经理人持股的激励反过来损害家族成员的公平感,降低家族成员的决策承诺和决策质量(何轩等,2008)。很多职业经理人受困于企业主的独断和家族的裙带主义,被认定为"空降兵不能落地"而举步维艰,缺乏对企业的认同,或早或晚最终选择离开。

综合以上所述,家族接班人的经营能力往往低于职业经理人,其接班意愿和敬业程度、个人成就动机可能也不如职业经理人高,如果控股家族更为看重掌控的安全性、保持家族和谐、实现家族成员成长等非经济目标,可以忍受接班人经营能力有一定程度的不足,那么家族将雇亲属接班而不是职业经理人。本书根据家族成员与职业经理人分别在服务家族非经济目标和经济目标上的各自优势,提出如下假设:

H1:对非经济目标更为看重的控股家族,越不倾向于把职业经理人作为企业经营接班人选。

6.1.2 调节效应研究假设

1.企业主决策权力的调节作用

根据双环理论,家族企业兼具家族和企业双重特色,既有家族为中心的目标,也有以企业为中心的目标(Chrisman et al.,2003;Tagiuri & Davis,1992)。家族企业有别于创始人经营的创业企业,就是体现在雇佣家族成员、家族牢牢控制企业、跨代传承等等方面(Voordeckers et al.,2007)。家族企业的利益相关者可能在是否及如何满足家族需求和企业需求中选择站队并互相角力。如果认为家族更为重要,那么极有可能侵占其他利益相关者的利益"掏空"公司损害价值(Claessens et al.,2000),尤其是一些大型家族企业集团(Morck & Yeung,2003)。从国家的宏观层面看,一些家族甚至能够很大程度掌控国家的经济,其堑壕行为和极高的代理成本,使得这些国家创新不足、资源配置扭曲,最终拉低了经济增长(Morck & Wolfenzon,2005)。从微观的角度看,这个自利的家族及其代理人要随时被以中小股东为代表的利益相关者们提防。如果将创业者领导的企业也称为家族企业的话,确实这类企业的绩效还不错;但是创业者吸收了其他家族成员共同所有、管理甚至完全交给他们打理后,虽然所有权和经营权重合程度高第一种类型的代理成本较低(Ang et al.,2000;Jensen & Fama,1983),但这些家族企业的绩效要低于非家族企业(Miller et al.,2007),尤其是股权相对分散的大型家族控制型企业(Miller et al.,2013;贺小刚 et al.,2011)。原因在于家族控制下的企业缺乏透明度不被制衡,存在侵占中小股东利益的可能性。如果CEO由非家族的前十大股东来担任,降低控股股东与中小股东的信息不对称和由此带来的第二类代理成本(许静静,2015)。相应地,家族企业常有的这些缺点可以通过公司治理,比如董事会的独立性刻画的家族控制权制衡度来缓解和克服(Anderson & Reeb,2004)。与美国股权相对分散不同,亚洲和欧洲的股权相对集中,多数可以追溯到家族。虽然说两个地区都看到了家族股东掠夺外部股东的现象,但是东亚家族还利用集团公司的组织形式强化了掠夺行为,代理成本更高。从欧洲分红率高而亚洲低的数据看,即便是有其他大股东,但是在亚洲这些大股东似乎与家族控股股东实现了合谋,而欧洲地区这些大股东能够起到对家族股东某种程度的牵制作用(Faccio et al.,2001)。

由第一代企业家开创、所有并联合其他家族成员持续掌控的企业,权力结构表现出高度集权化的特征,掌握企业经营权力的家族通过治理/管理塑造、追求和实现家族的愿景(Chua et al.,1999)。CEO的聘任决策是由控股家族主导的,但并非唯一决定。如果控股家族有重要的非经济目标并能从中获得较大的私人收益,那么倾向于不去聘请那些能力强、擅长于提升企业财务绩效但可能阻碍控股家族攫取私利的职业经理人为CEO,不会为CEO的专业化管理提供较高的薪酬激励。控股家族的堑壕行为,一般会受到那些追求公司价值增值目标的中小股东和其他利益相关者的掣肘。但是,一旦企业主垄断了企业重大事项的决策权,缺乏股东大会、董事会发挥治理机制,那么该企业主所重视的家族非经济目标会成为企业的唯一目标。而经济目标所追求的不仅是静态的财务绩效指标,还有能够帮助企业获得长期持续竞争优势的能力,经过公司客户、员工、中小股东、政府、社区等众多利益相关者的检验,体现了他们的诉求。因此,通过企业主权力的垄断,那些重视非经济目标的家族,会进一步弱化中小股东和其他利益相关者所共同认可的经济目标。由于在服务家族非经济目标上的优势,家族成员最终得以被雇佣为企业的 CEO。综合以上所述,本研究提出如下假设:

H2:公司重要决策依赖于企业主个人,会强化非经济目标重要性与经营权释出倾向之间的负效应。

2. 代际涉入的调节作用

家族企业是家族、所有权和管理权的交集(Tagiuri & Davis,1982)。企业系统、家族系统和所有权系统发生动态变化(Gersick et al. ,1999)。从家族的生命周期角度看,企业管理权的交接与一代代家族成员的生老更替交相呼应。每一代核心家族成员都会经历进入企业、分享权力与传递权力的过程(Stavrou,1999;Poutziouris & Chittenden,1996;Handler,1989)。企业控制权也经历从创始人控制型、兄弟姐妹合作型到堂(表)兄弟姐妹合作型变迁。

年老的企业家由于有限理性难以确保认知模式与企业的动态演化模式协调一致,需要由年轻的管理者接掌企业。在经营团队中年轻一代家族成员的身影并不少见,产生代际涉入(Trans-generation Involvement)现象。代际涉入是家族企业传承过程中的一个重要阶段,是 Donnelley(1964)提出的两代家族成员同时影响公司决策维护家族利益的重要时期。企业如果没有合适的新生代加盟,容易导致某种决策惰性,威胁企业的生存(Meyer & Zucker,1989)。家族新生代成员涉入企业,带来了多代人成长经历、教育背景等导致的代际差异与任务冲突(刘凯,葛玉辉,2014),蕴含了企业战略变革的机会(Zahra,2005),提升了企业的创新动力(Litz & Kleysen,2001)。

代际涉入是新生代家族成员的行为——学习经历(Activities-Learning

Experience),有利于提升经营的能力缩短与职业经理人的差距,使得子女不仅拥有实现家族非经济目标的优势能力,还减低了职业经理人在实现家族经济目标方面的竞争优势。新生代家族成员的正直品性及对家族和企业的承诺最为家族重视,有利于两代人知识的传授和学习(Christman et al.,1998;Sharma & Irving,2005)。具有相同文化背景、价值观及亲密关系的家族成员更容易进行隐性知识的分享,从老一辈企业家那里获取更多基于公司特质的知识(窦军生 et al.,2009),符合"子承父业、世袭罔替"的家族主义文化、差序格局下的人际关系及较短的信任半径特征(Cai et al.,2013;Redding,1990;福山,1998;王明琳 et al.,2014)。

代际涉入容易导致企业主对"自家人"和"外人"的差别对待,作为一种向经理人市场发送的信号,会阻碍有较高能力的职业经理人加盟,降低了第一代企业家移交经营权时职业经理人队伍的人力资本存量,弱化子女在经营管理能力上劣势。由于家庭纽带的作用,家族雇佣会对新一代家族成员的行为和对组织的激励结构产生显著影响。父母的利他主义表现为对子女的溺爱,引致有的子女"敲竹杠"和"搭便车"行为(Schulze et al.,2003)。由于自我代理与自我控制,有子女在非经济理性偏好下采取既危害自己又危及周围的行为(Thaler & Shefrin,1981),但是家族长辈又很难去惩罚,担心影响家庭成员之间的情感关系,低效率的家族成员很难被开除(Ewing,1965;Handler & Kram,1988)。从整个经营团队来看,家族不愿意放弃对企业的控制又要体现对家族成员的利他主义,家族成员往往掌管销售、采购、财务等核心部门,缺乏职业经理人的异质性人力资本补充,非家族成员感受到透明"天花板"的存在,晋升困难也就失去努力的动力,甚至主动参与到代际涉入导致的家庭政治。家族成员涉入企业,诱导职业经理自我归类为"外人",阻碍形成"我们"的意识,削弱其工作激励(朱沆等,2015)。企业主子女的代际涉入更具有信号显示作用,因为在家族企业就职前景不透明,服务于家族企业的外部人才市场产生严重的逆向选择问题,有能力的经理人不愿意加盟(Lubatkin et al.,2005,2007)。家族企业的不透明和缺乏规则是一种常态,即便是上市公司也是如此(Anderson et al.,2009)。证券分析师都对家族上市公司避而远之(罗小薇,2014)。控股家族较多的代际涉入,削弱了经理人市场与资本市场所应该发挥的治理机制。

综合以上所述,代际涉入的企业家子女不断学习显性和隐性知识提升管理能力,与职业经理人的差距不断缩小;企业主对企业里的子女和外人区别对待,使得经理人市场产生逆向选择,企业缺乏能干高效的经理人团队,职业经理人对家族成员的能力优势逐步弱化。在这样的情境下,那些重视非经济目标的家族,雇佣家族成员担任 CEO 发挥其优势去实现非经济目标,为此损失的经济目标也较低。有如下假设:

> H3:企业家子女的代际涉入,强化了非经济目标重要性与经营权释出倾向之间的负效应。

3.政治联系的调节作用

制度是一系列规则、程序与伦理道德行为规范,通过约束人的行为构建经济秩序中的合作与竞争关系(North,1990)。宪法、法律与规章等构成了正式制度,而习俗、道德、传统和行为标准以"嵌入"的方式影响社会生活,营造出正式制度的氛围和社会背景(Williamson,2000)。正式制度与非正式制度共同发挥作用降低了社会的不确定性和交易成本,赋予众多利益相关者合法地实施互相影响的权力。组织在多层次与多维度的制度环境中生存,政治的、传统的、家族的、市场的制度逻辑对组织提出不同甚至冲突的要求,一起定义了合法性、意义等重要的价值观和运作逻辑(朱建安、陈凌,2015)。在这些外在的制度压力下,家族产生有别于西方家族企业的家族意愿、非经济目标,从而影响企业行为(朱建安、陈凌,2014)。

在我国,对民营企业和私有财产的保护程度明显弱于对公有财产的保护(Cull & Xu,2005),但恰恰是民营企业有更高的风险承担意愿,有助于提高企业绩效和股东财富(余明桂等,2013)。产权保护制度除了那些保证企业间合约有效性的契约制度外,还要有避免政府侵害企业的产权约束(Acemoglu & Johnson,2005)。缺乏刚性的产权制度和司法约束,地方政府出于政策性负担、政治晋升或是寻租等原因,容易张开掠夺之手,直接损害企业或者偏袒另外的企业(潘红波等,2008)。民营企业容易成为被掠夺和侵占的对象(罗党论、唐清泉,2009)。金融市场化改革的滞后可能是转型国家的通病,即便是坚定的改革者操刀"金融命脉"时也多有瞻前顾后(夏斌,2013)。无论是从信息不对称角度还是从政治安全性角度看,具有垄断地位的国有银行对国有企业"偏爱",造成了对民营企业融资的制度性约束(卢峰、姚洋,2004;方军雄,2007)。即使是在金融危机期间,国有企业仍然能够获得国有银行的极力扶持,资本投资下降较少,而非国有企业无法融资只能不断"收缩战线"(汪伟等,2013)。

企业主的政治联系是在法律不完善、产权得不到有效保护环境下的一种替代性保护机制,财产保障较差、地方政府干预较多、金融发展水平落后的地区尤为明显(余明桂、潘红波,2008)。因为信息效应和资源效应,有政治联系的企业比无政治联系的企业获得更多的银行贷款和更长的贷款期限,政治参与起到了发送信号的功能,降低了资金供求双方的信息不对称,强化了企业资源获取能力(于蔚等,2012)。政治关系是一种替代性的非正式机制,缓解落后的制度对民营企业发展的阻碍作用,帮助家族企业获取组织合法性(冯天丽、井润田,2009)。和商业关系相比,创业者的政府关系对企业创新成长具有更强的优势作用。这种政府联系会随着行业制度环境的变化而产生动态的调整与迁移:制度环境不断完善,政治联系呈现出从非正式网络向正式网络的转变,形成了逐步去人格化的发展轨迹。但需要强调的是,就目前这个阶段,还看不到所谓全球化时代经济发展模式的收敛倾向,政治联系与政商关系并未失去价值(Shi et al.,2012;2014)。

改革开放以来,资源配置权力从原来掌管社会再分配的官员过渡到市场信号指引下的直接生产者,极大地激励了创业行为(Nee,1989)。市场经济改变了激励结构,人们不再仅仅依靠政治活动实现社会阶层的流动(Nee & Cao,2005)。但是,中国的转型还远没有完成。转型经济的核心是两种游戏规则的并存,即国家所有制下的社会主义计划经济与基于产权的市场经济两种资源配置方式同时存在(Li et al.,2013;Yiu et al.,2014)。在这样的转型社会中,企业家的人力资本构成要素中政治联系与市场能力同样重要(Peng et al.,2015)。市场转型让个人得以追求经济利益,并且能够推动制度层面的变革以保证他们能够获取并持续保持经济利益,政治和经济活动的参与者能够有机会实现利益的同盟。这也意味着政治联系实现了某种经济价值。值得一提的是,相比于大企业具有俘获地方政府的能力,中小规模的企业(主要是家族制经营)往往很难抵抗制度环境,只能是调整自己的目标和战略以适应外部环境(赫尔曼等,2009)。金融、法律等制度环境的改善给中小企业带来的益处尤为明显(Beck et al.,2005)。参政议政的资格与企业的规模大小有关,中小企业主较少担任各级人大代表、政协委员(陈钊等,2008),其政治联系往往是通过与各级政府领导在不断地打交道中获取。

既然政治联系是制度环境的替代性非正式制度安排,跟各级政府领导打交道越频繁,意味着制度环境越不利,在这样的情境里,经理人市场更像是柠檬市场(李新春,2002),家族无法对其能力做出低成本地鉴别,不利的制度环境弱化了经理人被雇佣的优势。而且,职业经理人操守和行为缺乏制度提供的有力惩罚机制。比如,在知识产权和商业秘密保护的执法成本较高的制度背景下,随着社会创业壁垒的下降和创业氛围的兴起,核心员工(特别是中高级管理者)一旦离职创业会让原企业难以维持(陈柳、刘志彪,2009),这样控股家族要实现持续控制的非经济目标只能通过家族成员接管企业保护机密来实现,进一步增强了家族接班人非经济目标方面的优势。在这样的制度环境下,企业雇佣家族成员不失为降低代理和监督成本的应对之策(陈凌、王昊,2013)。较多的政治联系,会强化非经济目标重要性与交班给经理人之间的负效应。但是,更多的政治联系可能产生反方向的作用。有些企业家的政治联系可能超越保护产权不被侵害的水平,还要在合约的制定和执行中获得更有利的地位。通过强大的政治权力后盾,雇佣职业经理人时不再担忧其危害家族控制,通过家族成员才能实现非经济目标的内在优势逐步消解;企业家的政治关联对职业经理人产生威慑使其不会冒险进行隧道行为,拥有广泛的人脉和政商资源可以进行多渠道的考察从而决定了所引进经理人的较高素养,而且职业经理人也能够利用企业主的这些社会资本帮助企业提升绩效(顾振华、沈瑶,2016)。政治联系可以推动全社会做出帕累托改进式的基础设施提升,也可以借助政府之手实现零和博弈式的财富和资源再分配去侵害他人的利益(Jia,2014)。职业经理人甚至会与较强政治联系的企业家形成合谋,充当"白手套"侵害其他利益相关者利益,提高了其被雇佣的可能性。综合以上所述,提出两个竞争性的假设:

H4a:政治联系强化了非经济目标重要性与经营权释出倾向之间的负效应。

H4b:政治联系弱化了非经济目标重要性与经营权释出倾向之间的负效应。

6.2 研究样本和研究设计

6.2.1 问卷设计和回收

本研究所需要的数据来自 2015 年全国工商联《中国非公有制经济健康状况评价》抽样调查数据,该调研项目的样本来自上海、广东、浙江、安徽、山西、湖北、新疆等 12 个省市自治区,按经济发展水平对各种规模、各个行业的私营企业用工商联系统进行多阶段分层抽样:先抽取县和县级市的企业,再按城乡与行业分布,随机抽取被调查企业。合计共发放问卷 1500 份,收回有效问卷 1294 份,回收率为 86.27%。本研究确定的家族企业同时关注了股权和管理权涉入,即要求家族持股比例超过 50% 及有至少两位家族成员涉入企业担任了董事、监事或者经营高管。本书考虑到与本研究所需问卷题目回复的有效性,最终筛选出 809 家企业的最终问卷用于研究。

为避免共同方法偏差的问题,每一家企业的问卷包括企业家填写卷(A 卷)和财务经理填写卷(B 卷)。其中,企业主填写的信息主要包括家族和企业总体信息,尤其刻画经济目标、非经济目标、政治联系、接班人选等题项;而财务经理主要填写企业主决策制衡度,以及企业财务信息等。

表 6.1 报告了样本的基础特征与分布,就企业家性别来看,男性企业家比例达到 86.5%,占企业家群体的绝大多数份额;企业家教育水平较为分散,79.0% 的企业家具有大专及以上文化程度。从年龄层看,大部分企业家已在中年,74.6% 的企业家年龄在 41~60 岁,51 岁以上的企业家超过三分之一。从地域分布看,样本最多的 3 个省份是浙江、广东和福建,合计占到总样本的 58.0%,其他省份分布总体均匀。从样本所在的行业来看,制造业最多,有 356 家,占 44.0%。就企业的发展阶段来看,样本中多数为企业年龄超过 10 年的成熟企业,占比达到 69.1%。此外,中小企业占多数,89.6% 的企业员工人数少于 500 人。

表 6.1 样本特征(N＝809)

特征		企业数	占总样本比%	特征		企业数	占总样本比%
年龄	30 岁及以下	24	3.0	教育程度	高中及以下	170	21.0
	31~40 岁	137	16.9		大专	316	39.1
	41~50 岁	358	44.3		大学本科	247	30.5
	51~60 岁	245	30.3		研究生	76	9.4
	60 岁以上	45	5.6				
性别	男	700	86.5				
	女	109	13.5				
规模	100 人以下	344	42.5	行业	制造业	356	44.0
	100~500 人	381	47.1		批发零售业	95	11.7
	501~1000 人	42	5.2		农林牧渔业	54	6.7
	1001~2000 人	30	3.7		房地产业	45	5.6
	2000 人以上	12	1.5		其他	243	32.0
年龄	5 年及以下	87	10.8	省份	浙江	231	28.6
	6~10 年	163	20.1		广东	162	20.0
	11~15 年	269	33.3		福建	76	9.4
	16~20 年	150	18.5		安徽	65	8.0
	20 年以上	140	17.3		其他	278	34.0

6.2.2 变量的测量

本书涉及的主要概念及相应的测量和编码方法如表 6.2 所示。

1. 关于应变量

经营权释出倾向指的是企业主未来将经营权交给家族成员还是职业经理人的倾向,即传子还是传贤的问题。本书将原始测量题项进行编码,若企业主打算未来将领导人交给职业经理人则设为 1,否则为 0。

2. 关于自变量

本书将非经济目标的重要程度作为自变量,考察其对经营权释出倾向的影响。测量方面,非经济目标的重要程度是企业主对非经济目标重要性的评价得分减去对经济目标重要性的评价得分。经济目标和非经济目标均采用 7 点李克特量表测量,1 表示非常不重要,7 表示非常重要。首先,本书基于 Chirsman et al.(2012)对于以家族为核心的非经济目标的理论阐述,以及 Cabrera-Sua'rez et al.(2014)实证研究中所用的量表,设计了以下 5 个经济目标测量题项:(1)保持我们家族对企业的控制;(2)维护和提升家族声誉;(3)为家族成员提供就业机会;(4)保持和提升家族的社会地位和知名度;(5)维持家族成员间的情感联系和信任感。该量表在本研究中的内部一致性系数(Cronbach's α)为 0.870。其次,本书基于 Fombrun(1990,1996)的量表,设计了 5 个题项,由企业家对如下经济目标的重要程度进行评价:(1)高质量的公司产品或服务;(2)保持和提高企业的盈利能力;(3)保持不断地创新;(4)保持和提高企业财务的稳定性;(5)不断提高公司资产的使用效率。该量表在本研究中的内部一致性系数(Cronbach's α)为0.932。

3.关于调节变量

本书三个调节变量,具体测量如下:(1)企业主决策制衡度,即公司重大决策主要由谁来做出。此变量为虚拟变量,由财务总监对公司重大决策情况进行判断,如果公司重大决策是由企业主本人做出,则设为 1,如果由董事会、企业主与高管等其他方式做出则都为 0;(2)代际涉入。此变量也为虚拟变量,如果企业主的子女在企业任职,则为 1,否则为 0;(3)政治联系。我们采用了 Peng 和 Luo(2000)在实证研究中设计的成熟量表,由企业主对过去三年公司高管在经营过程中与各级政府官员、行业协会领导、监管与支持部门的领导打交道的频率进行判断。采用李克特 7 点评分法,1 表示非常少,7 表示非常多。该量表在本研究中的内部一致性系数(Cronbach's α)为 0.951。

4.关于控制变量

本书从企业、企业家、企业家的家族层面,选取了以下控制变量,具体包括:(1)企业主年龄;(2)企业主性别;(3)企业主受教育程度;(4)企业规模;(5)企业年龄;(6)家族持股比例;(7)企业主孩子人数;(8)所在行业。(见表6.3)

表 6.2　概念测量和设计编码

概念	变量名称	原始条目来源	变量编码
因变量:雇亲属还是聘专家来接手经营权	经营权释出倾向	来源:贵企业的下一代领导人是(或将会是)(限选一项):(1)儿子,(2)女儿,(3)其他家人,(4)内部职业经理人,(5)外部新聘职业经理人?	编码:若选择(1)、(2)或(3)赋值为0,若选择(4)或(5)赋值为1
自变量:控股家族目标异质性	非经济目标的重要程度	来源:1、请对以下目标的重要程度进行评价(1表示非常不重要,7表示非常重要):(1)保持我们家族对企业的控制;(2)维护和提升家族声誉;(3)为家族成员提供就业机会;(4)保持和提升家族的社会地位和知名度;(5)维持家族成员间的情感联系和信任感。2.请对以下目标的重要程度进行评价(1表示非常不重要,7表示非常重要):(1)高质量的公司产品或服务;(2)保持和提高企业的盈利能力;(3)保持不断地创新;(4)保持和提高企业财务的稳定性;(5)不断提高公司资产的使用效率。	编码:将1中的五个题项加总平均减去2中的五个题项加总平均后的差值
调节变量1:企业主是否具有独揽决策的权力	企业主决策	来源:贵企业中的重大决策由谁做出(限选一项):(1)企业主本人,(2)股东大会,(3)董事会,(4)企业主和主要管理人员,(5)企业主和党支部,(6)企业主和工会,(7)其他?	编码:若选择(1)赋值1,若选择其他赋值为0
调节变量2:子女是否在企业工作	代际涉入	来源:如果您有子女在企业中任职,那他/她的职位等级是?(以职位最高者为准)(1)基层岗位;(2)中层岗位;(3)高层岗位;(4)本企业的一把手。	编码:若在(1)—(4)中做了勾选,则赋值为1,否则为0
调节变量3:非正式制度环境	政治联系	来源:请描述过去3年中,贵企业高管在企业经营过程中动用以下关系网络的频次(1表示非常少,7表示非常多):(1)各级政府领导;(2)行业部门领导;(3)监管、支持部门官员(如税务局、国有银行、工商局)。	编码:将(1)—(3)的打分取平均值

概念	变量名称	原始条目来源	变量编码
控制变量	企业主年龄	来源:您的出生年份是哪一年?	编码:2015－出生年份的差值的平方
	企业主性别	来源:您的性别是:(1)男;(2)女。	编码:男性为1,女性为0
	企业主受教育水平	来源:您的文化程度是:(1)高中及以下;(2)大专;(3)大学本科;(4)研究生?	编码:从(1)赋值为1,到(4)赋值为4
	企业规模	来源:贵公司总资产为多少万元?	编码:取自然对数
	企业年龄	来源:您的企业成立于哪一年?	编码:2015－成立年份的差值
	家族持股比例	来源:(1)您自己持有的公司股份比重为多少(%)?(2)其他家族股东持股比重合计为多少(%)?	编码:(1)与(2)之和除以100
	企业主孩子人数	来源:您有子女多少人?	编码:人数之和
	所在行业	设计编码:根据企业所主要从事的行业进行虚拟变量转化,包括农林牧渔业、采矿业、制造业、电力煤气等19个行业	编码为18个虚拟变量

表 6.3　描述性统计与主要变量的相关关系

变量名称	Mean	S.D	1	2	3	4	5	6	7	8	9	10	11	12
1. 经营权释出倾向	0.363	0.481	1											
2. 非经济目标的重要性	-1.212	1.390	-0.235***	1										
3. 企业主决策	0.235	0.424	-0.170***	0.140***	1									
4. 代际涉入	0.633	0.482	-0.086*	0.106**	-0.001	1								
5. 政治联系	4.079	1.710	0.066+	0.046	-0.048	0.043	1							
6. 企业主性别	0.870	0.342	-0.010	0.007	0.031	0.015	-0.002	1						
7. 企业主年龄	47.370	8.071	-0.097**	-0.019	-0.055	0.268***	-0.023	0.156***	1					
8. 企业主受教育程度	2.286	0.901	0.099**	-0.102**	-0.110**	-0.075*	0.068	-0.026	-0.175***	1				
9. 企业主孩子人数	1.741	0.771	-0.101**	0.133***	0.040	0.174***	0.050	0.049	0.161***	-0.118***	1			
10. 企业年龄	14.374	8.022	-0.087*	0.023	0.023	0.109**	-0.061	0.080*	0.371***	0.002	0.176***	1		
11. 企业规模	8.543	1.811	-0.079*	0.007	-0.092**	0.046	0.079*	0.109**	0.178***	0.082*	0.053	0.224***	1	
12. 家族持股比例	0.948	0.088	-0.036	0.024	0.082*	-0.040	-0.039	-0.031	0.008	-0.141***	-0.015	0.014	0.010	1

注:$+p<0.10$,$*p<0.05$,$**p<0.01$,$***p<0.001$,$N=809$。

6.2.3 描述性统计和相关性分析

表6.3汇报了因变量、自变量、调节变量及控制变量的均值和标准差,同时显示了相关变量之间的相关系数。从表6.3可以看出,非经济目标重要性($r=0.235$,$p<0.001$)和经营权释出倾向呈显著负相关关系,即非经济目标越重要,下一代领导人为职业经理人的可能性也越高。另外,企业主决策($r=-0.170$,$p<0.001$)、代际涉入($r=-0.086$,$p<0.05$)与经营权释出倾向呈显著负相关。从控制变量来看,企业主年龄、企业主孩子数量、企业年龄、企业规模与经营权释出倾向呈显著负相关关系,企业主教育程度与经营权释出倾向呈显著正相关关系。这些相关性与理论预期的关系一致,为假设提供了初步支持。在解释变量内部,虽然有些变量间存在较显著的相关关系,但相关系数最大不超过0.7,表明解释变量间的多重共线性问题并不严重。

6.3 假设检验结果和数据分析

由于本书因变量为二分变量,采用Logistic回归模型进行数据分析。调节效应的检验采用了交互项的方式,在连续变量乘积之前都进行了中心化的处理。

表6.4为本书的回归检验结果。模型1为只放入控制变量的回归结果,模型2为放入控制变量和自变量的回归结果。模型3是包含自变量、企业主决策制衡度、企业主决策制衡度与自变量交互项的回归结果。模型4是在模型2的基础上增加代际涉入、代际涉入与自变量交互项的回归结果。模型5是在模型2的基础上增加政治联系、政治联系与自变量交互项的回归模型。模型6为包含了所有控制变量、自变量、调节变量及自变量与调节变量交互项的全模型。

模型2回归结果显示,非经济目标的重要性与选职业经理人为企业未来接班人之间呈显著负相关关系($\beta=-0.382$,$p<0.001$),且在后续加入调节变量后的模型3、4、5和全模型6中依然稳健。这说明相较于经济目标而言,那些更为看重非经济目标的家族,越不倾向于请职业经理人接班,而是选择家族成员继任

经营权力,因此本书 H1 得到支持。此外,模型 2 还发现,在企业家层面上,其性别、年龄、教育,企业创立时间长短、企业规模及家族持股比例,都与是否倾向于由经理人接班没有显著性关系,唯独企业家的子女数量与因变量在 10% 的置信水平上负相关关系($\beta=-0.181, p<0.1$),意味着企业主子女越多,越倾向于自己的孩子接班。

模型 3 检验了企业主决策制衡度的调节效应。检验结果表明,企业主决策权力制衡度与非经济目标重要性的交互相与因变量是显著负相关关系($\beta=-0.499, p<0.05$),且在后续全模型 6 中该结果依然稳健。因此,当企业主的权力集中时,将会强化家族非经济目标重要性与选聘经理人接班的负向作用,H2 得到支持。同时,上述结果表明,更为关注家族的诉求、"家族优先"的企业主越不倾向于职业经理人接班。当企业主在公司缺乏有效制约时,会加重不让经理人接班而选家族成员接班的倾向。

模型 4 检验了代际涉入的调节效应,检验结果表明,代际涉入与非经济目标重要性的交互相与因变量是显著负相关关系($\beta=-0.380, p<0.05$),且在后续全模型 6 中该结果依然稳健。这说明,无论是在哪一层级工作,只要企业主的子女已经在公司任职,将会强化家族非经济目标重要性与选聘经理人接班的负向作用,H3 因此得到支持。同时,上述结果表明,企业主的子女无论是从基层锻炼,还是已经进入高管团队实际参与掌控企业,该家族企业未来将会有更大的可能性由子女来接管经营权。

模型 5 检验了政治联系的调节效应,检验结果表明,政治联系与非经济目标重要性的交互相与因变量是显著正相关关系($\beta=0.322, p<0.001$),且在后续全模型 6 中该结果依然稳健。这说明作为制度环境的一种替代测量方式,需要更多地与官员打交道的企业,将会显著地弱化家族非经济目标重要性与选聘经理人接管企业的负效应,由此本书拒绝了 H4a,支持了 H4b。

表 6.4 非家族目标重要性与经营权释出倾向关系检验

项目		模型 1	模型 2	模型 3	模型 4	模型 5	模型 6
控制变量	企业主性别	0.045 (0.229)	0.056 (0.235)	0.081 (0.237)	0.013 (0.235)	0.021 (0.236)	−0.007 (0.241)
	企业主年龄	−0.010 (0.010)	−0.014 (0.011)	−0.018$^+$ (0.011)	−0.011 (0.011)	−0.013 (0.011)	−0.013 (0.011)
	企业主教育程度	0.158$^+$ (0.088)	0.106 (0.091)	0.076 (0.094)	0.114 (0.092)	0.114 (0.093)	0.088 (0.095)
	企业主子女数量	−0.262* (0.108)	−0.181$^+$ (0.111)	−0.189$^+$ (0.114)	−0.161 (0.112)	−0.179$^+$ (0.111)	−0.164 (0.115)
	企业年龄	−0.008 (0.011)	−0.008 (0.011)	−0.007 (0.011)	−0.01 (0.011)	−0.008 (0.011)	−0.008 (0.012)
	企业规模	−0.021 (0.034)	−0.004 (0.035)	−0.002 (0.035)	−0.005 (0.035)	−0.013 (0.035)	−0.012 (0.036)
	家族所有权	−0.676 (0.868)	−0.691 (0.889)	−0.461 (0.895)	−0.659 (0.897)	−0.630 (0.895)	−0.349 (0.910)
自变量	非经济目标的重要程度		−0.382*** (0.062)	−0.296*** (0.067)	−0.234** (0.086)	−0.440*** (0.065)	−0.204*** (0.097)
调节变量	企业主决策			−0.857*** (0.216)			−0.896*** (0.221)
	代际涉入				−0.185 (0.170)		−0.267 (0.176)
	政治关联					−0.092$^+$ (0.049)	0.108* (0.051)

续表

项目		模型 1	模型 2	模型 3	模型 4	模型 5	模型 6
调节效应	非经济目标的重要程度×企业家决策			−0.499* (0.240)			−0.460+ (0.237)
	非经济目标的重要程度×代际涉入				−0.380* (0.169)		−0.379* (0.174)
	非经济目标的重要程度×政治关联					0.322*** (0.090)	0.316** (0.092)
	常数项	1.005 (1.074)	0.534 (1.105)	0.829 (1.122)	0.671 (1.114)	−0.003 (1.130)	0.396 (1.154)
	χ^2	59.862***	42.286***	4.612*	5.001*	13.234***	23.610***
	样本量	809	809	809	809	809	809

注:$+p<0.10$,$*p<0.05$,$**p<0.01$,$***p<0.001$,括号内为标准误;控制了 18 个行业虚拟变量。

6.4 稳健性检验

本书进行了更换制度环境测量指标的稳健性检验。本研究获取了樊纲、王小鲁、朱恒鹏(2011)对 807 家企业所处省域的市场化水平指标,根据全国市场化水平的均值进行了高低划分。若企业所处省域的市场化水平高于均值,则设为 1,否则为 0。根据表 6.5 中的模型 7 的结果显示,非经济目标的重要性与市场化水平的乘积项与因变量是显著负相关关系($\beta=-0.396$,$p<0.05$),表明市场化水平较高时,将会增强非经济目标重要性与未来聘请职业经理人倾向之间的负效应。因为市场化水平是政治联系的反向指标,因此该结果仍然是拒绝 H4a,接受 H4b 的竞争性假设。

表 6.5 稳健性检验

项目		模型 7
控制变量		控制
自变量	非经济目标的重要程度	−0.167(0.115)
调节变量	市场化水平	−0.510*(0.205)
调节效应	非经济目标的重要程度×市场化水平	−0.396*(0.188)
	常数项	1.0936(1.129)
	χ^2	4.338*
	样本量	807

注:* $p<0.05$,* * $p<0.01$,* * * $p<0.001$,括号内为标准误,由于篇幅限制,模型中控制变量未予列示。

6.5 讨论与结论

本书从控股家族的目标异质性来解释企业传亲属还是聘专家的经营权接班人选择的异质性,主要分析了以家族为核心的非经济目标重要程度与聘任家族成员还是职业经理人担任下一代企业 CEO 的关系,尤其探讨了企业主是否个人决策了企业重要事项、代际涉入、制度环境对两者关系的调节作用。本书研究发现,由于家族成员在实现家族的非经济目标存在优势,而职业经理人在实现家族的非经济目标方面有其优势,所以越是看重非经济目标的控股家族会运用其影响力聘请家族成员而不是职业经理人担任下一代企业领导人。进一步研究发现,那些由企业主一人做决策的企业更容易忽视其他利益相关者的诉求,如果控股家族更为重视非经济目标,将会进一步弱化职业经理人在维护其他利益相关者实现经济目标方面的能力优势,降低聘请其担任 CEO 的可能性;如果企业主子女更多涉入企业,其经营能力有所提高、有能力的职业经理人不愿意进入裙带关系的企业导致现有经理人团队人力资源的下降;如果控股家族更看重非经济目标,代际涉入也会进一步弱化聘请职业经理人的可能性;在市场化水平较低的不利制度环境下,职业经理人的能力无法有效鉴别且需要通过雇佣家族成员保护控制权,强化了更看重非经济目标的家族与聘请职业经理人之间的负效用。有意思的是,政治联系往往是作为不利制度环境的替代性安排,却在弱化更看重非经济目标与聘请职业经理人之间的负效用,可能是因为有较多与政府官员互动频率的企业家有了政府对其产权的强力保护,相应地降低了唯有通过自家人掌控公司才能获得控制安全的必要性,家族成员在满足非经济目标方面的能力优势开始消解,职业经理人既能实现经济目标也能兼顾实现一些非经济目标,从而更多地进入企业。

上述研究结果给有关领域研究带来的可能贡献包括由:

(1)在家族企业研究领域,企业是否实现家族内传承往往从两代人的交接班意愿(Sharma et al.,2003),尤其是接班人的意愿与能力角度(Stavrou & Swiercz, 1998;De Massis et al.,2008;奚菁等,2014)进行解释,但是至今还没有发现有文献讨论家族内传承要实现什么目标(De Massis et al.,2012),而这种目标是职业经理人接管企业所不能达到的。缺乏目标的研究导致传承是"顺利"(Morris et al.,1997)、"成功"(Dyck et al.,2002)还是"令人满意"(Sharma et al.,2001,2003)都难以评价。本研究就是从家族层面找到企业层面接班人选择的原因,从家族的目标解释下一代企业领导人的交接班规划,实现家族系统的研究与企业系统研究的整合(James et al.,2012)。

(2)在家族企业研究领域,控股家族的社会情感财富(SEW)是企业战略行为的重要参照系(Gomez-Mejia et al.,2007;Berrone et al.,2012),是行为代理理论在家族企业的重要应用(Wiseman & Gomez-Mejia,1998),已广泛用于解释家族企业在研发、长期导向、社会责任等方面不同于非家族企业的特征,但是社会情感财富更是一种辨别家族企业与其他企业的观察视角,现实看到更多的是家族企业存在异质性:有的家族企业如美的、统一润滑油聘请职业经理人接班,而方太、世茂股份又是由子女接班。对家族企业异质性的研究,仅仅通过家族依赖于企业获得的情感价值这种研究视角来区别是不够的,本书以非经济目标相对于经济目标的重要程度来刻画了目标异质性,最终来解释家族企业的异质性问题。

(3)研究结论显示非经济目标更为看重的家族倾向于聘请"自家人"——家族成员担任 CEO,而不是"外人"——职业经理人。这是在委托-代理分析框架之外对职业经理人与家族成员的区分,"自家人"之所以相较于"外人"更受欢迎,不是基于血缘关系的信任降低了代理成本,而是因为"自家人"在实现家族的持续控制、关注家族成员情感、需要实现家族和谐等非经济目标方面更胜一筹。

(4)本研究所讨论的企业经营权交给亲属还是专家,看上去也是家族涉入与否的研究,不过跟一般意义上给予家族成员工作岗位不同,企业的 CEO 是对经营结果负责的首要人士承担经济目标的重任,而家族企业 CEO 可能还要背负着实现控股家族非经济目标的重托。研究企业下一代经营接班人选更能敏感地反映出制度环境变化时,企业结构、治理如何适应性变动去实现交易成本的下降和能力的提升。子承父业的新生代往往需要经历进入企业学习、权力分享和权力交接三个阶段(e. g. Stavrou,1999),企业经营权直接交给职业经理人可能意味着家族内传承的中断,暗示控股家族传承意愿的缺失,"意欲放手"企业,因此 CEO 交给谁的决策关系重大。但本书不同于何轩等(2014)将制度环境(感知)与家族企业接班之间建立的直接关系。制度环境更应该属于被嵌入的经济和非经济背景(Polanyi,1968;Granovetter,1985)。家族对企业的影响力是任何其他企业所嵌入的社会网络组织都无法比拟的。微观上企业嵌入在家族,而更为宏观层面上家族嵌入在社会制度环境之中(王明琳、陈凌,2013)。家族制度环境是企业主及其背后的控制家族追求其当下首要目标时决定传子还是传贤时的调节因素。政治联系是不利制度环境下实现产权保护的替代性非正式制度安排(冯天丽、井润田,2009;于蔚等,2012),制度环境越差的地区尤为明显(余明桂、潘红波,2008)。本书的实证数据显示,企业主与各级政府官员的频繁互动获得政治联系,显著地弱化了家族非经济目标重要性与选聘经理人接管企业的负效应。这个数据意味着政治关联能够减免公权力滥用对企业的损害,还能够通过与官员的政治联系,以公权力起到避免职业经理人侵害家族权益的威慑作用。更有甚者,具有政商联盟关系的企业家需要职业经理人作为"白手套"一起合谋去损害其他利益相关者。

(5)本书的实践意义是,在当前很多民营企业一代领导人即将退出管理岗位选谁接班的时代背景下,接班人选的研究能够为一代创业者传"子"还是传"贤"提供决策建议。对于那些已经聘任职业经理人担任 CEO 的家族企业来说,家族对职业经理人的不满意,未必是企业业绩不好,而是职业经理人没有帮助实现控股家族极为重视的非经济目标,正如霍氏集团总经理李嘉说的:职业经理人不仅要让老板满意,还要让其家族满意。有时,职业经理人对企业不满意离开公司,可能在于企业主委托其去做的工作有违于经理人所奉行价值创造的单一目标。本研究为一代创业者让渡经营权提供决策建议,也为企业主和职业经理人如何实现匹配避免"裙带关系的老板"、"不落地的经理人"互相指责提供参考。

研究结论与展望

7

7.1 主要研究结果及其创新点

在中国民营企业步入交接班的"关键世代"背景下,传亲属还是聘专家是企业主及其背后控股家族的重要战略决策,现有的家族企业研究文献中接班人胜任力模型以及交接班人之间的意愿契合模型,不能解释现实经济中很多企业主坚持由能力和意愿不高的子女接班的现象。首先,本书基于中国 A 股上市家族公司的样本观察家族与非家族 CEO 所领导企业的绩效差异,并利用外生金融危机提供的准自然实验进行了解读。其次,本书利用四家企业接班案例发现了控股家族的目标异质性,从制度环境、家族和企业三个层面构建家族企业 CEO 的聘任决策模型。然后,利用多任务—委托代理模型和家族-CEO 匹配模型推导了家族目标异质性与聘任决策异质性之间的逻辑关系。最后是利用 2015 年全国工商联"两个健康"调研数据,进行了假设检验。本研究得到如下结论:

(1)如果仅仅从家族成员接任 CEO 的企业业绩看,传亲属可能确实不是理性的选择。基于中国 A 股上市公司观察 2009 年这些样本企业的横截面数据,发现第一代创业者的年龄越大,越倾向于由家族成员担任 CEO,而且家族 CEO 的年龄、在公司的资历确实低于非家族 CEO,最为重要的是发现了家族 CEO 领导的企业在托宾 Q 及销售周转率等市场和财务绩效指标显著地低于职业经理人担任的 CEO。来自我国上市公司的数据与现有家族企业研究文献相符:企业雇佣家族成员接任经营权会带来绩效的折损效应,其经营业绩要低于职业经理人经营的企业更是低于第一代企业家"两职合一"时的创业企业。

(2)较强的薪酬激励能够为非家族 CEO 有较好经营绩效提供解释。横截面上,家族 CEO 与较低的企业绩效有相关关系,但不能直接推导其因果关系。为了排除现有研究中可能的自变量与因变量互为因果的内生性问题,本研究利用 2008 年金融危机提供的准自然实验,观察外生冲击下企业绩效下滑后 CEO 薪酬变动是否受到 CEO 家族身份的调节影响,该研究的另一个意义在于利用委托－代理框架内的最优合约理论,唯有较高薪酬－绩效敏感性的薪酬激励合约才能实现股东权益和高管利益的统一,进而能够解释家族 CEO 为何会有较低的企业绩效。基于上市家族企业 2009 年与 2007 年企业绩效变动与 CEO 薪酬变化,实证研究发现家族身份显著地弱化了企业绩效变动与薪酬变化之间的正相关关系,意味着职业经理人比家族成员有更强的薪酬激励去为股东创造财富。

(3)本书对控股家族的经济和非经济目标进行案例研究,发现了控股家族的目标异质性问题,回答了目标"是什么",并以此探索"如何"影响聘任决策的差异。案例研究发现:①跟现有基于欧美企业的研究文献相比,中国控股家族普遍希望持续掌控企业、子女成长成才实现家族的健康繁衍,但是否由家族企业向子女提供岗位、家族是否依靠企业获取社会资本等方面存在差异;②家族的目标异质性受到制度环境、子女接班意愿与能力的影响。面对不利的制度环境和激烈的竞争压力,或者子女接班意愿和能力不足,控股家族会降低非经济目标的优先级;③由于家族成员在实现非经济目标上的优势,以及在更广泛的经理人市场挑选的职业经理人经营能力的优势,其他条件都既定的情况下,控股家族的非经济目标越重要,越倾向于直接聘请家族成员(主要是子女)担任下一代企业经营的接班人。

(4)基于多任务委托－代理模型与家族-CEO 匹配模型建立目标异质性与聘任决策的异质性之间的逻辑关系。基于多任务委托代理模型,可以推导更加重视非经济目标的家族倾向于提供薪酬激励强度较弱的聘任合约,社会总福利最大的公司-CEO 匹配方式是职业经理人去经济目标更重要、提供更大薪酬激励的公司任职。

(5)大样本计量分析提供稳健的统计支持。基于全国工商联于 2015 年在 12 个省市范围内开展的《非公有制经济的两个健康指数》调研数据,利用 Logistic 模型发现:在家族成员与职业经理人都可资聘任的情况下,那些更看重非经济目标的家族越不倾向于聘请职业经理人担任 CEO 作为企业下一代领导人。在一代企业家的决策权力缺乏有效制衡、企业主的子女在公司任职将会强化非经济目标重要性与聘任职业经理人之间的负效应;企业主与各级官员的频繁互动加深其社会联系,显著地弱化两者之间的负效应。

本研究的创新点在于:(1)在家族企业研究领域首次从传承要实现的目标着手探讨经营权更替,有了目标的研究才能对所谓的"顺利"、"成功"还是"令人满意"的传承做出评价,拓展了以往仅从两代人的交接班意愿与接班人能力的传承研究路径。(2)社会情感财富(SEW)是研究家族企业"如何不同"的解释视角,但是在解释形形色色的家族企业方面存在缺陷,本研究通过控股家族目标异质性解释了家族企业的异质性问题。(3)在委托一代理分析框架内对职业经理人与家族成员有了新的理解,"自家人"之所以相较于"外人"更受欢迎可能不是基于亲属关系的信任降低了代理成本,而是因为"自家人"在实现家族的持续控制、关注家族成员情感需要、维护家族和谐等非经济目标方面更胜一筹,从经济学角度为中国传统文化"差序格局"提供了解释。(4)通过构建制度环境—家族—企业的 CEO 聘任模型,以家族为关键环节构建了制度环境对企业传承的影响机制,拓展了现有制度环境下企业交接班意愿的研究。(5)加深了对企业家政治行为的理解,本书发现制度环境有所改善的当下,很多企业家仍然热衷于政治联系,已经不仅仅是实现产权保护的替代性非正式制度安排,而是希望借助公权力起到避免职业经理人侵害家族权益的威慑作用,具有政商联盟关系的企业家可能需要职业经理人作为"白手套"一起合谋去损害其他利益相关者。

7.2　实践应用的启示

当前民营企业引不进优秀职业经理人的现象已经有所缓解,但是留不住人才的问题仍然十分棘手,与其说是公司与 CEO 不能有效匹配,还不如说是控股家族与 CEO 不能有效匹配。经理人受困于企业主的独断和裙带主义,被认定为"空降兵不能落地"而举步维艰,丧失对企业的认同;控股家族成员代际能力下降需要经理人的能力与企业家精神,但控股家族又因提防"外人"机会主义而不愿授权,被贴上"任人唯亲"的标签。本项目的研究为一代创始人提供聘任与激励的决策建议,避免公司-CEO错配导致双方互指责提供从聘任开始的系统分析工具,确保民营企业传承与转型的顺利进行。

在当前很多民营企业一代领导人即将退出管理岗位选谁接班的时代背景下,接班人选的研究能够为一代创业者传子还是传贤提供决策建议。对于那些已经聘任职业经理人担任CEO的家族企业来说,家族对职业经理人的不满意,未必是企业业绩不好,而是职业经理人没有帮助实现控股家族极为重视的非经济目标,正如霍氏集团总经理李嘉说的:职业经理人不仅要让老板满意,还要让其家族满意。有时,职业经理人对企业不满意离开公司,可能在于企业主委托其去做的工作有违于经理人所奉行价值创造的单一目标。本研究为一代创业者让渡经营权提供决策建议,也为企业主和职业经理人如何实现匹配避免"裙带关系的老板"、"不落地的经理人"互相指责提供参考。

基于制度环境分析的政策建议。我国正处于计划经济与市场经济两种资源配置方式并存的转型时期。在产权保护制度尚未完备、金融体系发展仍然滞后的环境下,民营企业却支撑了令人瞩目的经济增长,原因在于有适应环境的内生性企业行为和特殊的家族治理安排。本书的案例研究发现制度环境影响控股家族非经济目标的内容以及非经济目标相对于经济目标的重要性判断,本书的实证部分还观察到制度环境能起到调节作用,影响非经济目标重要性与经营权释出倾向之间的关系。企业家要投入很多的资源用于与各级地方政府官员、行业协会领导及监管支持部门的领导打交道,其目的是作为制度环境的一种替代性的非正式制度安排,希望借助公权力起到避免职业经理人侵害家族权益的威慑作用,而这本应该是法制社会政府提供的基本公共产品。同时需引起注意的是:虽然企业家的政治关联能够起到产权保护的作用,但是并不是说制度环境的改善不再迫切。具有政商联盟关系的企业家可能需要职业经理人作为"白手套"一起合谋去损害其他利益相关者。没有好的制度环境,控制家族会侵占中小股东利益让内外部治理机制形同虚设,使各方利益相关者陷入多输的格局。

7.3 研究局限与展望

本书从控股家族的非经济目标的重要程度为企业经营权选谁接班提供了逻辑推导的起点,是家族企业研究领域内首次从家族目标异质性解释企业行为的异质性,并且还提供了目标具体的刻画方法,但有一些潜在局限,这也构成了未来研究的可能方向:

(1)在数学模型中利用常替代弹性函数表示控股家族的目标效用函数,其中经济和非经济目标同时为控股家族所追求,两者可以有竞争性的替代关系,也可能是互相增益的,体现了真实家族企业目标的复杂性。家族通过经营企业,既有提高声誉的目标,也有实现盈利的要求,两者可能是竞争性的。但如果引入跨期模型,当期牺牲盈利获取声誉会带来未来期更多的盈利,这种"鱼和熊掌兼得"的模式为构建和谐的家族内外关系提供可能。本书为了推导的方便,各种目标之间互补关系的讨论并未充分展开。

(2)基于美的、世茂、方太与统一四家企业的案例研究,总结了目前家族企业的非经济目标,但是四个案例提供的信息是否能够完成总结我国家族企业的非经济目标。另外,在有别于西方情境的中国转型经济和儒家文化传统背景下,不同家族的价值观如何影响这些目标本身就值得研究。在不同的发展阶段和情境下,家族在诸多目标中动态取舍导致迥然的行为差异,还需要人量的研究工作使做出理论贡献成为可能。

(3)基于上市公司金融危机前后数据的分析得到家族 CEO 薪酬激励强度较弱的结论是否意味着家族 CEO 就没有激励去把企业业绩做好,显然是不一定的。家族成员具有非经济方面的内在激励,比如作为家族的接班人为了荣誉有很强大的压力和动力想把企业经营得比父辈还成功,但是在实证分析中很难得到体现。另外,金融危机提供的准自然实验是否能够完全解决内生性问题可能还需要其他的方式去验证,比如根据企业家子女的数量或者第一个孩子的性别作为工具变量进行研究。

(4)基于全国工商联的"两个健康"研究项目的数据,从横截面上讨论了非经济目标的重要性与经营权释出交给外人的倾向之间的关系,但是经营权交班还未发生只是倾向性的研究,数据的特点决定了无法从因果上对于实际交接班选择进行研究。在缺少样本数据的面板式观察、收集和分析验证的情况下,本研究的结论可能还需要更谨慎。

(5)本研究的逻辑推论是基于一个假设:家族潜在接班人的能力要弱于职业经理人,这是基于职业经理人是从更大的经理人市场挑选出来,而家族成员人力资本池很小,在市场竞争中脱颖而出的职业经理人提升企业绩效的能力更高。这样的研究假设可能是过于理想化了,经理人市场并不完善,而且因为交易成本很高,企业所能聘到的经理人能力未必一定超过家族成员,其能力优势是否更大需要进一步验证。

参 考 文 献

[1] Adams R, Almeida H, & Ferreira, D. Understanding the relationship between founder-ceos and firm performance[J]. Journal of Empirical Finance, 2009, 16 (1):136 – 150.

[2] Alvarez S A, Young S L, & Woolley J L. . Opportunities and institutions: a co-creation story of the king crab industry. Journal of Business Venturing, 2014, 30(1), 95 – 112.

[3] Anderson R C, Duru A & Reeb D M. Founders, heirs, and corporate opacity in the United States[J]. Journal of financial Economics, 2009, 92 (2):205 – 222.

[4] André Paul. Firm performance and managerial succession in family managed firms [J]. Journal of Business Finance & Accounting, 2009, 36(3 – 4):461   484.

[5] Andres C. Large shareholders and firm performance—An empirical examination of founding-family ownership[J]. Journal of Corporate Finance, 2008, 14 (4):431 – 445.

[6] Ansari I F, Goergen M & Mira S. The determinants of the CEO successor choice in family firms[J]. Journal of Corporate Finance, 2014, 28:6 – 25.

[7] Astrachan J H, Jaskiewicz P. Emotional Returns and Emotional Costs in Privately Held Family Businesses: Advancing Traditional Business Valuation[J]. Family Business Review, 2008, 21(2):139 – 149.

[8] Bach L & Serrano-Velarde N. CEO identity and labor contracts: Evidence

from CEO transitions[J]. Journal of Corporate Finance,2015,33:227 - 242.

[9] Bai C-E, Lu J & Tao Z The multitask theory of state enterprise reform: empirical evidence from China[J]. The American Economic Review, 2006, 96 (2):353 - 357.

[10] Bandiera O,Guiso L,Prat A & Sadun R. What do ceos do[R]? National Bureau of Economic Research,2011.

[11] Bandiera O,Prat A,Guiso L,et al. Matching firms,managers and incentives[R]. National Bureau of Economic Research,2014.

[12] Bandiera O,Prat A & Sadun R. Managing the family firm:evidence from CEOs at work[R]. National Bureau of Economic Research,2013.

[13] Bandiera O,Barankay I & Imran Rasul. Social connections and incentives in the workplace:evidence from personnel data[J]. Econometrica, 2009, 77 (4):1047 - 1094.

[14] Barontini R, Bozzi S. Board compensation and ownership structure:empirical evidence for Italian listed companies[J]. Journal of Management & Governance, 2011,15(1):59 - 89.

[15] Bassanini A,Breda T,Caroli E,et al. Working in family firms:Paid less but more secure? Evidence from French matched employer-employee data[J]. Industrial & Labor Relations Review,2013,66 (2):433 - 466.

[16] Bebchuk L A,Grinstein Y & Peyer U. Lucky ceos and lucky directors[J]. Journal of Finance,2010,65(6):2363 - 2401.

[17] Berrone P & Larraza-Kintana M. Socioemotional wealth and corporate responses to institutional pressures: do family-controlled firms pollute less [J]? Administrative Science Quarterly,2010,55(1):82 - 113.

[18] Bennedsen M, Nielsen K M, Perez-Gonzalez F, et al. Inside the Family Firm:The Role of Families in Succession Decisions and Performance[J]. The Quarterly journal of economics,2007,122 (2):647 - 691.

[19] Bennedsen M,Fan J P H,Jian M & Yeh Y H. The family business map: framework, selective survey, and evidence from chinese family firm succession[J]. Journal of Corporate Finance,2015,33(4):212 - 226.

[20] Bertrand M & Schoar A. The role of family in family firms[J]. The Journal of Economic Perspectives,2006,20 (2):73 - 96.

[21] Bhagat S,Bolton B J & Subramanian A. CEO education,CEO turnover,and firm performance[R]. Available at SSRN 1670219,2010.

[22] Block J H. How to pay nonfamily managers in large family firms: A principal-Agent model[J]. Family Business Review,2011,24 (1):9 - 27.

[23] Bloom N & Van Reenen J. Measuring and explaining management practices across firms and countries[J]. The Quarterly journal of economics, 2007, 122 (4):1351 - 1408.

[24] Bloom N, Sadun R & Van Reenen J. The organization of firms across countries. Quarterly Journal of Economics,2009,127(4):1663 - 1705.

[25] Bloom N & Reenen J V. Why do management practices differ across firms and countries[J]. The Journal of Economic Perspectives,2010,24(1):203 - 224.

[26] Bocatto E,Gispert C & Rialp J. Family-owned business succession: the influence of pre-performance in the nomination of family and nonfamily members: evidence from spanish firms [J]. Journal of Small Business Management,2010,48(4):497 - 523.

[27] Boisot M & John C. From Fiefs to Clans and Network Capitalism: Explaining China's Emerging Economic Order[J]. Administrative Science Quarterly,1996, 41(4):600 - 628.

[28] Bolton P,Brunnermeier M K & Veldkamp L. Leadership,coordination,and corporate culture[J]. Review of Economic Studies,2013,80(3):512 - 537.

[29] Brown A, Merkl C Snower D. An incentive theory of matching [J].

Macroeconomic Dynamics, 2015, 19 (3): 643 - 668.

[30] Bunkanwanicha P, Fan J P H & Wiwattanakantang Y. The value of marriage to family firms[J]. Journal of Financial & Quantitative Analysis, 2013, 48 (2), 611 - 636.

[31] Cabrera-Suárez M K, Déniz-Déniz M & Martín-Santana, J D. The setting of non-financial goals in the family firm: The influence of family climate and identification[J]. Journal of Family Business Strategy, 2014, 5 (3): 289 - 299.

[32] Cai H, Li H, Park A, et al. Family ties and organizational design: evidence from Chinese private firms[J]. Review of Economics and Statistics, 2013, 95 (3): 850 - 867.

[33] Carsrud A. Meanderings of a resurrected psychologist or, lessons learned in creating a family business program[J]. Entrepreneurship: Theory & Practice, 1994, 19, 39 - 48.

[34] Gates H. China's Motor: aThousand Years of Petty Capitalism [M]. Cornell University Press, 1997.

[35] Chang S J & Shim J. When does transitioning from family to professional management improve firm performance? [J]. Strategic Management Journal, 2015, 36 (9): 1297 - 1316.

[36] Chen C J P, Li Z, Su X & Sun Z. Rent-seeking incentives, corporate political connections, and the control structure of private firms: chinese evidence[J]. Journal of Corporate Finance, 2011, 17(2), 229 - 243.

[37] Chen D, Shen Y, Xin F & Zhang T. Overemployment, executive pay-for-performance sensitivity and economic consequences: evidence from China [J]. China Journal of Accounting Research, 2012, 5(1), 1 - 26.

[38] Chen D, Jean L, Oliver M R. Trust and Professional CEO Selection in Family Firms[A]. In Chen Ling eds. Proceedings of 2013 Symposium of

Entrepreneurship and Family Business[C], Hangzhou, 2013.

[39] Chen J, Thompson P. New Firm Performance and the Replacement of Founder-CEOs[J]. Strategic Entrepreneurship Journal, 2015, 9(3):243 - 262.

[40] Chrisman J J, Chua J H, Pearson A W, et al. Family involvement, family influence, and family-centered non-economic goals in small firms [J]. Entrepreneurship Theory and Practice, 2012, 36 (2):267 - 293.

[41] Chrisman J J & Patel P C. Variations in investments of family and nonfamily firms: behavioral agency and myopic loss aversion perspectives. Academy of Management Journal, 2012, 55(4):976 - 997.

[42] Chrisman J J. Nonfamily managers, family firms, and the winner's curse: the influence of noneconomic goals and bounded rationality. Entrepreneurship Theory & Practice, 2014, 38(5):1103 - 1127.

[43] Chua J H & Chrisman J J. An overview of Research Issues on Chinese Family Businesses [J]. International Journal of Management Practice, 2010, 4:220 - 233.

[44] Chua J H, Chrisman J J & Sharma P. Defining the family business by behavior[J]. Entrepreneurship: Theory and Practice, 1999, 23 (4): 113 - 130.

[45] Chua J H, Chrisman J J & Bergiel E B. An agency theoretic analysis of the professionalized family firm. Entrepreneurship Theory & Practice, 2009, 33 (2), 355 - 372.

[46] Chung C N & Luo X R. Leadership succession and firm performance in an emerging economy: Successor origin, relational embeddedness, and legitimacy [J]. Strategic Management Journal, 2013, 34 (3):338 - 357.

[47] Claessens S, Djankov S, Fan J P, et al. Disentangling the incentive and entrenchment effects of large shareholdings[J]. The journal of finance, 2002, 57 (6):2741 - 2771.

[48] Claessens S, Djankov S & Lang L H. The separation of ownership and control in East Asian corporations[J]. Journal of financial Economics, 2000,58 (1):81 – 112.

[49] Combs J G, Penney C R, Crook T R, et al. The Impact of Family Representation on CEO Compensation[J]. Entrepreneurship Theory & Practice,2010,34(6): 1125 – 1144.

[50] Conyon M J & He L. Executive compensation and corporate governance in China[J]. Journal of Corporate Finance,2011,17 (4):1158 – 1175.

[51] Corbetta G, & Salvato C. Self – serving or self – actualizing? models of man and agency costs in different types of family firms: a commentary on "comparing the agency costs of family and non-family firms: conceptual issues and exploratory evidence"[J]. Entrepreneurship Theory & Practice, 2004,28(4),355 – 362.

[52] Cordeiro J J, He L, Conyon M, et al. Informativeness of performance measures and Chinese executive compensation[J]. Asia Pacific Journal of Management,2013,30(4):1031 – 1058.

[53] Cyert R M,March J G. A Behavioral Theory of the Firm[M]. PRENTICE-HALL,INC. Englewood Cliffs,New Jersey,1963.

[54] D'Aurizio L,Oliviero T & Romano L. Family Firms,Soft Information and Bank Lending in a Financial Crisis[J]. Journal of Corporate Finance,2015, 33(2):279 – 292.

[55] De Massis A,Kotlar J,Chua JH,et al. Ability and Willingness as Sufficiency Conditions for Family-Oriented Particularistic Behavior:Implications for Theory and Empirical Studies[J]. Journal of Small Business Management,2014,52 (2): 344 – 364.

[56] De Massis A, Sharma P, Chua J H, et al. Family business studies: An annotated bibliography[M]. :Edward Elgar Publishing,2012.

[57] Demsetz H & Lehn K. The structure of corporate ownership: Causes and consequences[J]. The Journal of Political Economy, 1985, 93 (6): 1155 – 1177.

[58] Dikolli S, Mayew W & Nanda D. CEO tenure and the performance-turnover relation[J]. Review of Accounting Studies, 2014, 19(1): 281 – 327.

[59] Dirk Jenter & K Fadi. CEO Turnover and Relative Performance Evaluation[J]. The Journal of Finance, 2015, 70(5): 2155 – 2184.

[60] Donnelley R. The Family Business. Harvard Business Review, 1964, 42(4): 93 – 105.

[61] Donckels R & Fröhlich E. Are family businesses really different? European experiences fromSTRATOS[J]. Family Business Review, 1991, 4(1), 149 – 160.

[62] Dou J, Zhang Z & Su E. Does family involvement make firms donate more? Empirical evidence from Chinese private firms [J]. Family Business Review, 2014, 27 (3): 259 – 274.

[63] Dyck B, Mauws M, Starke F A, et al. Passing the baton: The importance of sequence, timing, technique and communication in executive succession[J]. Journal of Business Venturing, 2002, 17(2): 143 – 162.

[64] Edmans A, Fang V W & Zur E. The Effect of Liquidity on Governance [J]. Review of financial studies, 2013, 26 (6): 1443 – 1482.

[65] Edmans A & Gabaix X. The effect of risk on the CEO market[J]. Review of financial studies, 2011, 24 (8): 2822 – 2863.

[66] Ellul A , Pagano M & Schivardi F. Employment and wage insurance within firms: worldwide evidence[R]. Kelley School of Business Research Paper, 2014.

[67] Eisfeldt A L & Kuhnen C M. CEO turnover in a competitive assignment framework[J]. Journal of financial Economics, 2013, 109 (2): 351 – 372.

[68] Faccio M, Lang L H & Young L. Dividends and expropriation[J]. American Economic Review, 2001: 54 – 78.

［69］Fahlenbrach R & Stulz R M. Bank ceo incentives and the credit crisis［J］. Journal of Financial Economics,2011,99(1):,11－26.

［70］Fama Eugene F & Jensen Michael C. Separation of Ownership and Control. Journal of Law and Economics,1983,26:301－332.

［71］Fan J P H,Wong T J & Zhang T. Politically connected ceos,corporate governance,and post-ipo performance of china's newly partially privatized firms［J］. Journal of Financial Economics,2007,84(2):330－357.

［72］Firth M,Leung T Y & Rui O M. Justifying top management pay in a transitional economy［J］. Journal of empirical Finance,2010,17 (5):852 －866.

［73］Fisman R J, Khurana R, Rhodes-Kropf M, et al. Governance and CEO Turnover:Do Something or Do the Right Thing? ［J］. Management Science, 2005,60(2):319－337.

［74］Flickinger M,Wrage M,Tuschke A & Bresser R. How ceos protect themselves against dismissal:a social status perspective［J］. Strategic Management Journal, (Forthcoming).

［75］Gabaix X & Landier A. Why Has CEO Pay Increased So Much? ［J］. The Quarterly journal of economics,2008,123 (1):49－100.

［76］Gayle G-L & Miller R A. Has moral hazard become a more important factor in managerial compensation? ［J］. The American Economic Review, 2009,99 (5):1740－1769.

［77］Georgakakis D & Ruigrok W. CEO succession origin and firm performance:a multilevel study［J］.Journal of Management Studies,2016,53(2):106－135.

［78］Goel A M & Thakor A V. Overconfidence, ceo selection, and corporate governance［J］. Journal of Finance,2010,63(6):2737－2784.

［79］Gomez-Mejia L R,Haynes K T,Núñez-Nickel M,et al. Socioemotional wealth and business risks in family-controlled firms:Evidence from Spanish olive oil mills[J]. Administrative science quarterly,2007,52 (1):106 - 137.

[80] Gomez-Mejia L R,Cruz C,Berrone P,et al. The bind that ties:Socioemotional wealth preservation in family firms[J]. The academy of management annals, 2011,5 (1):653 - 707.

[81] Gomez-Mejia L R, Larraza-Kintana M & Makri M. The determinants of executive compensation in family-controlled public corporations [J]. Academy of management journal,2003,46 (2):226 - 237.

[82] Gomez-Mejia L R,Nunez-Nickel M & Gutierrez I. The role of family ties in agency contracts[J]. Academy of management journal,2001,44 (1):81 - 95.

[83] Gomez-Mejia L R,Makri M & Kintana M L. Diversification decisions in family-controlled firms[J]. Journal of Management Studies,2010,47(2): 223 - 252.

[84] Granovetter M. Economic action and social structure: The problem of embeddedness[J]. American journal of sociology,1985,91 (3):481 - 510.

[85] Habbershon T G & Mary L. Williams. A Resource - based Framework for Assessing the Strategic Advantage of Family Firms[J]. Family Business Review,1999,12 (1):15 - 28

[86] Habbershon T G,Mary L. Williams,MacMillan I. C.. A unified systems perspective of family firm performance[J]. Journal of Business Venturing, 2003,18(4):451 - 465.

[87] Hall A & Nordqvist M. Professional management in family businesses: Toward an extended understanding[J]. Family Business Review,2008,21 (1):51 - 69.

[88] Hambrick D C & Mason P A. Upper echelons: The organization as a reflection of its top managers[J]. Academy of management Review,1984,9 (2):193 - 206.

[89] Hatak I R & Roessl D. Relational Competence-Based Knowledge Transfer Within Intrafamily Succession: An Experimental Study[J]. Family Business Review,28(1):10－25.

[90] Holmstrom B & Milgrom P. Multitask principal-agent analyses: Incentive contracts,asset ownership,and job design[J]. Journal of Law,Economics,& Organization,1991,7 (Special Issue):24－52.

[91] Huybrechts J,Voordeckers W & Lybaert N. Entrepreneurial risk taking of private family firms:the influence of a nonfamily ceo and the moderating effect of ceo tenure[J]. Family Business Review,2013,26(2):161－179.

[92] Hung S C & Whittington R. Agency in national innovation systems:Institutional entrepreneurship and the professionalization of Taiwanese IT[J]. Research Policy,2011,40 (4):526－538.

[93] Iyer R,Peydró J,Darochalopes S & Schoar A. Interbank liquidity crunch and the firm credit crunch:evidence from the 2007 to 2009 crisis[J]. Review of Financial studies2013,27(1),347－372.

[94] Jaskiewicz P,Block J H,Miller D,et al. Founder Versus Family Owners' Impact on Pay Dispersion Among Non-CEO Top Managers Implications for Firm Performance[J]. Journal of Management,2014:283－301.

[95] Jayaraman S & Milbourn T T. The role of stock liquidity in executive compensation[J]. The Accounting Review,2011,87 (2):537－563.

[96] Jia N. Are collective political actions and private political actions substitutes or complements? Empirical evidence from China's private sector[J]. Strategic Management Journal,2014,35(2):292－315.

[97] Jiang F,Zhan J,Kenneth A K & Min Z. Family-firm risk-taking:does religion matter[J]. Journal of Corporate Finance,2015,33(2):260－278.

[98] Jovanovic B. Job matching and the theory of turnover[J]. The Journal of Political Economy,1979a,87 (5):972－990.

[99] Jovanovic B. Firm-specific capital and turnover[J]. The Journal of Political Economy,1979b,87 (6):1246 - 1260.

[100] Kahle K M & Stulz R M. Access to capital,investment,and the financial crisis[J]. Journal of financial Economics,2013,110 (2):280 - 299

[101] Kaplan S N,Klebanov M M & Morten S. Which CEO characteristics and abilities matter? Journal of Finance,2008,67(3):973 - 1007.

[102] Kellermanns F W, Eddleston K A & Zellweger T M. Extending the socioemotional wealth perspective: A look at the dark side [J]. Entrepreneurship Theory and Practice,2012,36 (6):1175 - 1182.

[103] Khanna T & Yafeh Y. Business Groups in Emerging Markets:Paragons or Parasites? [J]. Journal of economic literature,2007,45 (2):331 - 372.

[104] Kotlar J & De Massis A. Goal setting in family firms: Goal diversity, social interactions, and collective commitment to family-centered goals. Entrepreneurship Theory and Practice,2013,37(6):1263 - 1288.

[105] Kraiczy N D, Hack A & Kellermanns F W. What makes a family firm innovative? CEO risk-taking propensity and the organizational context of family firms[J]. Journal of Product Innovation Management, 2014, 32 (3):334 - 348.

[106] Kramarz F,Thesmar D. Social networks in the boardroom[J]. Journal of the European Economic Association,2013,11(4):780 - 807.

[107] La Porta R,Florencio L D S & Andrei S. Corporate Ownership Around the World[J]. Journal of Finance,1999,54(2):471 - 517.

[108] Lafley A G. What only the ceo can do. Harvard Business Review,2009,87 (5):54 - 62,126.

[109] Lansberg I. The Succession Conspiracy. Family Business Review,1988,1 (2):119 - 143

[110] Lansberg I S. Managing human resources in family firms:The problem of

institutional overlap[J],Organizational Dynamics,12(1),39 – 46. .

[111] Lazear E P & Oyer P. Personnel Economics[A]. In: The handbook of organizational economics—R. Gibbons, J. Roberts, eds. : Princeton University Press,2013.

[112] Lazear E P & Rosen S. Rank-Order Tournaments as Optimum Labor Contracts [J]. The Journal of Political Economy,1981,89 (5):841 – 864.

[113] Leach P,Kenway-Smith W,Hart A. Morris,T. ,Ainsworth,J. ,Beterlsen, E. ,et al. Man aging the family business in the UK: A Stoy Hayward survey in conjunction with the London Business School [M]. London: Stoy Hayward,1990.

[114] Lippi F & Schivardi F. Corporate control and executive selection[J]. Quantitative Economics,2014,5 (2):417 – 456.

[115] Liu W,Yang H & Zhang G. Does family business excel in firm performance? An institution-based view[J]. Asia Pacific Journal of Management,2012,29 (4):965 – 987.

[116] Luo X R & Chung C N. Filling or Abusing the Institutional Void? Ownership and Management Control of Public Family Businesses in an Emerging Market [J]. Organization Science,2012,24 (2):591 – 613.

[117] Mackey A. The effect of ceos on firm performance[J]. Strategic Management Journal,2008,29(12):1357 – 1367.

[118] Maria J,Parada M,Nordqvist A,Gimeno P M J & Nordqvist M,et al. Institutionalizing the family business:the role of professional associations in fostering a change of values[J]. Family Business Review,2010,23(4): 1 – 18.

[119] Martin G P,Gomez-Mejia L R & Wiseman R M. Executive stock options as mixed gambles: re-visiting the behavioral agency model[J]. Academy of Management Journal,2013,56(2):451 – 472.

[120] Mehrotra V, Morck R, Shim J, et al. Adoptive expectations: Rising sons in Japanese family firms[J]. Journal of financial Economics, 2013, 108 (3): 840 – 854.

[121] Melin L & Nordqvist M. The reflexive dynamics of institutionalization: the case of the family business[J]. Strategic Organization, 2007, 5(3), 321 – 333.

[122] Memili E, et al. Going Beyond Research on Goal Setting: A Proposed Role for Organizational Psychological Capital of Family Firms[J]. Entrepreneurship Theory & Practice, 2013, 37(6): 1289 – 1296.

[123] Michiels A, Voordeckers W, Lybaert N, et al. CEO Compensation in Private Family Firms Pay-for-Performance and the Moderating Role of Ownership and Management[J]. Family Business Review, 2013, 26 (2): 140 – 160.

[124] Miller D, Breton-Miller L, Minichilli A, et al. When do non-family CEOs outperform in family firms? Agency and behavioural agency perspectives[J]. Journal of Management Studies, 2014, 51 (4): 547 – 572.

[125] Miller D, Le Breton-Miller I, Lester R H, et al. Are family firms really superior performers? [J]. Journal of Corporate Finance, 2007, 13 (5): 829 – 858.

[126] Miller D, Le B I & Barry S. Stewardship vs. stagnation: an empirical comparison of small family and non-family businesses [J]. Journal of Management Studies, 2008, 45(1): 51 – 78.

[127] Miller D, Minichilli A & Corbetta G. Is family leadership always beneficial? [J]. Strategic Management Journal, 2013, 34 (5): 553 – 571.

[128] Minichilli A, Nordqvist M, Corbetta G & Amore M D. CEO succession mechanisms, organizational context, and performance: a socio-motional wealth perspective on family controlled firms[J]. Journal of Management

Studies,2014,51(7):1153 - 1179.

[129] Molly V,Laveren E & Jorissen A. Intergenerational differences in family firms:impact on capital structure and growth behavior[J]. Entrepreneurship Theory & Practice,2012,36(4):703 - 725.

[130] Morck R & Wolfenzon D. Corporate Governance,Economic Entrenchment,and Growth[J]. Journal of economic literature,2005,43 (3):655 - 720.

[131] Morck R & Yeung B. Agency problems in large family business groups [J]. Entrepreneurship Theory and Practice,2003,27 (4):367 - 382.

[132] Morris M H, Williams R O, Allen J A, et al. Correlates of success in family business transitions[J]. Journal of Business Venturing, 1997, 12 (5):385 - 401.

[133] Murphy K J. Executive compensation [A]. In: Handbook of labor economics-O. Ashenfelter,D. Card,eds. ,1999:2485 - 2563.

[134] Murphy K J. Chapter 4-Executive Compensation:Where We Are, and How We Got There[A]. In:Handbook of the Economics of Finance. Elsevier,2012.

[135] Nordqvist M & Leif M. Entrepreneurial families and family firms[J]. Entrepreneurship & Regional Development,2010,22(3):211 - 239.

[136] Nordqvist M & Zellweger T. Transgenerational entrepreneurship:exploring growth and performance in family firms across generations[J]. International Small Business Journal,2010,29(6),730 - 731.

[137] Oyer P & Schaefer S. Personnel Economics:Hiring and Incentives[A]. In:Handbook of labor economics-O. Ashenfelter,D. Card,eds. Elsevier,2011.

[138] Oyer P,Schaefer S,Autor D,Baker S,Guryan B & Hamermesh D,et al. Firm/employee matching:an industry study of American lawyers[R]. NBER Working Papers,2012.

[139] Pérez-González F. Inherited Control and Firm Performance[J]. American

Economic Review,2006,96 (5):1559 – 1588.

[140] Parada M J, Nordqvist M & Gimeno A. Institutionalizing the Family Business: The Role of Professional Associations in Fostering a Change of Values[J]. Family Business Review,2010,23 (4):355 – 372.

[141] Peng M W, Sun S L & Markóczy L. Human capital and ceo compensation during institutional transitions[J]. Journal of Management Studies, 2015, 52 (1):117 – 147.

[142] Porta R, Lopez-de-Silanes F & Shleifer A. Corporate ownership around the world[J]. The journal of finance,1999,54 (2):471 – 517.

[143] Rajan R G, Wulf J. The Flattening Firm: Evidence from Panel Data on the Changing Nature of Corporate Hierarchies[J]. Review of Economics & Statistics,2006,88(4):759 – 773.

[144] Rutherford M W, Kuratko D F & Holt D T. Examining the link between "familiness" and performance: can the f-pec untangle the family business theory jungle? [J]. Entrepreneurship Theory & Practice,2008,32(6), 1089 – 1109.

[145] Schulze W S, Lubatkin & M H, Dino. Altruism, Agency, and the Competitiveness of Family Firms[J]. Managerial Decision Economics, 2002,23(4 – 5):247 – 259

[146] Schulze W S, Lubatkin M H & Dino R N. Toward a theory of agency and altruism in familyfirms[J]. Journal of Business Venturing,2003,18,473 – 490.

[147] Sciascia S & Mazzola P. Family involvement in ownership and management: Exploring nonlinear effects on performance[J]. Family Business Review,2008, 21 (4):331 – 345

[148] Scott W R & Davis G F. Organizations and organizing: Rational, natural and open systems perspectives[M]. Routledge,2015.

[149] Shi W, Sun S L & Peng M W. Sub-national institutional contingencies, network positions, and IJV partner selection[J]. Journal of Management Studies,2012,49(7):1221-1245.

[150] Shi W,Markóczy L & Stan C. The continuing importance of political ties in China[J]. Academy of Management Executive,2013,28(1):57-75.

[151] Sieger P, Zellweger T, Nason R S & Clinton E. Portfolio entrepreneurship in family firms: a resource-based perspective[J]. Strategic Entrepreneurship Journal,2011,5(4):327-351.

[152] Stewart A & Hitt M A. Why can'ta family business be more like a nonfamily business? Modes of professionalization in family firms[J]. Family Business Review,2012,25 (1):58-86.

[153] Tagiuri R & Davis J A. Bivalent attributesof the family firm[J]. Family Business Review, 1996, 9(2), 199-208. (Reprint from Davis, J., and Tagiuri,R. The Influence of Life Stages on Father-Son Work Relationships in Family Companies." Unpublished manuscript, Graduate School of Business Administration,University of Southern California,1982.)

[154] Terviö M. The difference that CEOs make:An assignment model approach[J]. The American Economic Review,2008,98 (3):642-668.

[155] Tichy Neol M, Eli C. The Leadership Engine[M]. New York: Harper Collins,1997.

[156] Uhlaner L M & Hoy F. Erratum to: the entrepreneuring family: a new paradigm for family business research[J]. Small Business Economics, 2011,38(1):1-11.

[157] Villalonga B & Amit R. How do family ownership,control and management affect firm value? [J]. Journal of financial Economics,2006,80 (2):385-417.

[158] Voordeckers W,Gils A V & Heuvel J V D. Board composition in small and medium-sized family firms[J]. Journal of Small Business Management,2007,45

(1):137 – 156.

[159] Walsh J P, Seward J K. On the Efficiency of Internal and External Corporate Control Mechanisms[J]. Academy of Management Review, 1990,15(3):421 – 458.

[160] Westhead P. Ambitions,external environment and strategic factor differences between family andnon-family companies[J]. Entrepreneurship & Regional Development. 1997,9(2),127 – 157.

[161] Westhead P & Cowling M. Family firm research:The need for a methodological rethink[J]. Entrepreneurship Theory and Practice,1998,23(1),31 – 56.

[162] Yu X & Zheng Y. IPO underpricing to retain family control under concentrated ownership:evidence from Hong Kong[J]. Journal of Business Finance & Accounting,2012,39(5 – 6),700 – 729.

[163] Zellweger T M & Astrachan J H. On the emotional value of owning a firm[J]. Family Business Review,2008,21(4):347 – 363.

[164] Zellweger T M & Nason R S. A stakeholder perspective on family firm performance[J]. Family Business Review,2008,21(3):203 – 216.

[165] Zellweger T M, Nason R S & Nordqvist M. From longevity of firms to transgenerational entrepreneurship of families introducing family entrepreneurial orientation[J]. Family Business Review,2012,25 (2):136 – 155.

[166] Zellweger T M, Nason R S, Nordqvist M, et al. Why do family firms strive for nonfinancial goals? An organizational identity perspective[J]. Entrepreneurship Theory and Practice,2013,37 (2):229 – 248.

[167] Zhang Y & Rajagopalan N. Once an outsider, always an outsider? ceo origin,strategic change,and firm performance[J]. Strategic Management Journal,2010,31(3):334 – 346.

[168] Zhu H,et al. From Personal Relationship to Psychological Ownership: The Importance of Manager-Owner Relationship Closeness in Family Businesses

[J]. Management and Organization Review,2013,9(2):295-318.

[169] 安平.美的创始人何享健:做世界一流家族基金会[J].中国慈善家,2015 (9):3-5.

[170] 白景坤,罗仲伟.组织的变与不变:"目标——结构"框架下的组织演进研究 [J].经济与管理研究,2015(12):113-122.

[171] 甘伯纳·让·保罗佩内尔.从家庭小作坊到弹性化生产企业——40年的 企业生命历程(1950—1990):岗松—蒙高尔费里造纸业个案[A].In:家族 企业:组织、行为与中国经济——李新春,张书军,eds.上海:上海三联书 店,上海人民出版社,2005.

[172] 蔡济铭,朱建安.家族企业权杖交接的西药能吃?[J].管理学家:实践版, 2014(1):18-22.

[173] 曹廷求,张光利.上市公司高管辞职的动机和效果检验[J].经济研究,2012 (6):73-87.

[174] 陈德球,杨佳欣,董志勇.家族控制,职业化经营与公司治理效率——来自 CEO变更的经验证据[J].南开管理评论,2013,16(4):55-67.

[175] 陈冬华,陈富生,沈永建,等.高管继任、职工薪酬与隐性契约——基于中国 上市公司的经验证据[J].经济研究,2011(2):100-111.

[176] 陈冬华,范从来,沈永建.高管与员工:激励有效性之比较与互动[J].管理 世界,2015(5):160-171.

[177] 陈家田.上市家族企业CEO薪酬激励实证研究——基于双重委托代理视 角[J].管理评论,2014(11):159-168.

[178] 陈凌.中国式韧性[J].哈佛商业评论,2012(11):25-26.

[179] 陈凌,郭萍,叶长兵.非家族经理进入家族企业研究:以山西票号为例[J]. 管理世界,2010(12):143-154.

[180] 陈凌,夏妍艳,吴炳德.家族企业管理人员薪酬机制与关系原则——以浙江 家族企业为例[J].福建论坛(人文社会科学版),2010(4):18-23.

[181] 陈凌,鲁莉劼.家族企业、治理结构与企业绩效——来自于浙江省制造业的

经验证据[J].中山大学学报(社会科学版),2009,49(3):203-212.

[182] 陈凌,王昊.家族涉入,政治联系与制度环境[J].管理世界,2013(10):130
-141.

[183] 陈凌,朱建安.传承、创业与转型:民营企业发展的多重奏[J].福布斯,2012
(9):112-114.

[184] 陈凌,李新春,储小平.中国家族企业的社会角色:过去、现在和未来[M].
杭州:浙江大学出版社,2011.

[185] 陈林荣,刘爱东.家族企业高管薪酬治理效应的实证研究[J].软科学,
2009,23(9):107-114.

[186] 陈润.生活可以更美的:何享健的美的人生[M].北京:华文出版社,2010.

[187] 陈胜蓝,卢锐.股权分置改革、盈余管理与高管薪酬业绩敏感性[J].金融研
究,2012(10):180-190.

[188] 陈仕华,卢昌崇,姜广省,王雅茹.国企高管政治晋升对企业并购行为的影
响——基于企业成长压力理论的实证研究[J].管理世界,2015(9):125
-136.

[189] 陈文婷.创业学习与家族企业跨代创业成长——基于行业、规模及成长阶
段的差异分析[J].经济管理,2013(12):42-53.

[190] 陈文婷.家族企业跨代际创业传承研究——基于资源观视角的考察[J].东
北财经大学学报,2012(4):3-9.

[191] 陈运森,谢德仁.董事网络、独立董事治理与高管激励[J].金融研究,2012
(2):168-182.

[192] 储小平,汪林.家族企业中的心理契约破坏——组织与员工的双重视角
[J].中山大学学报:社会科学版,2009,49(3):213-220.

[193] 储小平,黄嘉欣,周妮娜."冰糖葫芦"与"军用浮桥"——从海尔与美的的组
织结构变革谈起[J].经济学家茶座,2008(5):108-112.

[194] 储小平,黄嘉欣,汪林.变革演义三十年:广东民营家族企业组织变革历程
[M].北京:社会科学文献出版社,2012.

[195] 杜勇,陈建英.政治关联、慈善捐赠与政府补助——来自中国亏损上市公司的经验证据[J].财经研究,2016,42(5):4-14.

[196] 窦军生,贾生华."家业"何以长青？——企业家个体层面家族企业代际传承要素的识别[J].管理世界,2008(9):105-117.

[197] 窦军生,李生校,邬家瑛."家和"真能"万事"兴吗？——基于企业家默会知识代际转移视角的一个实证检验[J].管理世界,2009(1):108-120.

[198] 范博宏.为基业长青做好准备[J].管理学家:实践版,2014(1):40-44.

[199] 范博宏,俞欣.企业家早作退出准备,好于"永不言退"[J].新财富,2011(1):84-86.

[200] 范博宏,俞欣.美的模式:兼顾家族传承和企业长青[J].新财富,2013(1):106-110.

[201] 范博宏.关键世代:走出华人家族企业传承之困[M].上海:东方出版社,2012.

[202] 樊纲,王小鲁,朱恒鹏.中国市场化指数.各省区市场化相对进程2011年度报告[M].北京:经济科学出版社,2011.

[203] 方芳,李实.中国企业高管薪酬差距研究[J].中国社会科学,2015(8):47-67.

[204] 方军雄.高管权力与企业薪酬变动的非对称性[J].经济研究,2011(4):107-120.

[205] 方军雄.我国上市公司高管的薪酬存在粘性吗？[J].经济研究,2009(3):110-124.

[206] 方军雄.高管超额薪酬与公司治理决策[J].管理世界,2012(11):144-155.

[207] 高闯,郭斌.创始股东控制权威与经理人职业操守——基于社会资本的"国美电器控制权争夺"研究[J].中国工业经济,2012(7):122-133.

[208] 高明华,杜雯翠.中国上市公司高管薪酬指数报告(2013)[M].北京:经济科学出版社,2013.

[209] 葛建华,王利平.多维环境规制下的组织目标及组织形态演变——基于中国长江三峡集团公司的案例研究[J].南开管理评论,2011,14(5):12-23.

[210] 龚小锋.许世坛世茂少帅的领路经[J].房地产世界,2013(5):78-81.

[211] 古志辉.全球化情境中的儒家伦理与代理成本[J].管理世界,2015(3):113-123.

[212] 顾振华,沈瑶.企业传承:职业经理人或企业家后代——来自中国家族上市公司的证据[J].中南财经政法大学学报,2016(4):84-95.

[213] 郭超.子承父业还是开拓新机——二代接班者价值观偏离与家族企业转型创业[J].中山大学学报:社会科学版,2013,53(2):189-198.

[214] 韩朝华,陈凌,应丽芬.传亲属还是聘专家:浙江家族企业接班问题考察[J].管理世界,2005(2):133-142.

[215] 何韧,王维诚,王军.管理者背景与企业绩效:基于中国经验的实证研究[J].财贸研究,2010,21(1):109-118.

[216] 何轩,宋丽红,朱沆等.家族为何意欲放手?——制度环境感知,政治地位与中国家族企业主的传承意愿[J].管理世界,2014(2):90-101.

[217] 贺小刚,李新春,连燕玲等.家族内部的权力偏离及其对治理效率的影响——对家族上市公司的研究[J].中国工业经济,2010(10):96-106.

[218] 贺小刚,连燕玲.家族权威与企业价值:基于家族上市公司的实证研究[J].经济研究,2009,4:90-102.

[219] 贺小刚,燕琼琼,梅琳等.创始人离任中的权力交接模式与企业成长——基于我国上市公司的实证研究[J].中国工业经济,2011(10):98-108.

[220] 贺小刚,连燕玲,张远飞.经营期望与家族内部的权威配置——基于中国上市公司的数据分析[J].管理科学学报,2013,16(4):63-82.

[221] 侯贵松,罗家德,帅满.双轨参政——以私营企业主政治参与为例[J].清华大学学报(哲学社会科学版),2013(4):117-125.

[222] 黄冬娅.私营企业主与政治发展:关于市场转型中私营企业主的阶级想象及其反思[J].社会,2014,34(4):138-164.

[223] 黄冬娅.企业家如何影响地方政策过程——基于国家中心的案例分析和类型建构[J].社会学研究,2013(5):172-196.

[224] 黄继承,盛明泉.高管背景特征具有信息含量吗?[J].管理世界,2013(9):144-153.

[225] 姜付秀,朱冰,王运通.国有企业的经理激励契约更不看重绩效吗?[J].管理世界,2014(9):143-159.

[226] 江若尘,莫材友,徐庆.政治关联维度、地区市场化程度与并购——来自上市民营企业的经验数据[J].财经研究,2013(12):126-139.

[227] 兰兹伯格.家业永续:家族企业如何成功地完成代际传承[M].北京:商务印书馆,2005.

[228] 雷丁.华人资本主义精神[M].上海:格致出版社,2009.

[229] 黎文靖,胡玉明.国企内部薪酬差距激励了谁?[J].经济研究,2012,12:125-136.

[230] 李超.许世坛父辈的旗帜[J].南方人物周刊,2014(19):46-49.

[231] 李婧,贺小刚,茆键.亲缘关系、创新能力与企业绩效[J].南开管理评论,2010,13(3):117-124.

[232] 李默风.何剑锋拒当美的"二世主"何享健接班人不再家族化[J].IT时代周刊,2009(18):50-51.

[233] 李绍龙,龙立荣,贺伟.高管团队薪酬差异与企业绩效关系研究:行业特征的跨层调节作用[J].南开管理评论,2012(4):55-65.

[234] 李新春,韩剑,李炜文.传承还是另创领地?——家族企业二代继承的权威合法性建构[J].管理世界,2015(6):110-124.

[235] 李新春,何轩,陈文婷.战略创业与家族企业创业精神的传承——基于百年老字号李锦记的案例研究[J].管理世界,2008(10):127-140.

[236] 李新春,杨学儒,姜岳新,胡晓红.内部人所有权与企业价值[J].经济研究,2008(1):27-39.

[237] 李焰,秦义虎,张肖飞.企业产权,管理者背景特征与投资效率[J].管理世

界,2011(1):135-144.

[238] 李大鹏,周兵.家族企业终极控制权,现金流量权与公司绩效的实证分析[J].管理世界,2014(9):180-181.

[239] 李渊军."美的"何享健的"何氏逻辑"[J].名人传记:财富人物,2012(10):12-15.

[240] 梁强,刘嘉琦,周莉等.家族二代涉入如何提升企业价值——基于中国上市家族企业的经验研究[J].南方经济,2013(12):51-62.

[241] 林浚清,黄祖辉,孙永祥.高管团队内薪酬差距,公司绩效和治理结构[J].经济研究,2003(4):31-40.

[242] 刘春,孙亮.薪酬差距与企业绩效:来自国企上市公司的经验证据[J].南开管理评论,2010,13(2):30-39.

[243] 刘红庆.朴行千里——霍振祥和他的"统一"神话[M].北京:北京出版社,2009.

[244] 刘青松,肖星.败也业绩,成也业绩?——国企高管变更的实证研究[J].管理世界,2015(3):151-163.

[245] 刘星,徐光伟.政府管制、管理层权力与国企高管薪酬刚性[J].经济科学,2012(1):86-102.

[246] 刘学方,王重鸣,唐宁玉等.家族企业接班人胜任力建模——一个实证研究[J].管理世界,2006(5):96-106.

[247] 鲁伟,刁晓琼."机制派"何享健[J].财经,2012(11):1-3.

[248] 吕鹏.多任务锦标赛激励与上市公司管理层薪酬差距[M].北京:中国市场出版社,2010.

[249] 马淑文.家族社会资本、创业导向与初创期企业成长绩效关系研究[J].商业经济与管理,2011(2):51-57.

[250] 梅洁.国有控股公司管理层报酬的政策干预效果评估——基于"限薪令"和"八项规定"政策干预的拟自然实验[J].证券市场导报,2015(12):36-44.

[251] 梅洁,葛扬.国有企业管理层在职消费的政策干预效果研究——基于2012

年"八项规定"出台所构建的拟自然实验[J].经济学家,2016(2):75-83.

[252] 欧晓明,汪凤桂,陈慧霞,马少华.组织支持感,组织认同与经理人工作表现——基于广东家族企业的问卷调查[J].华南农业大学学报:社会科学版,2013,12(2):96-106.

[253] 权小锋,吴世农,文芳.管理层权力,私有收益与薪酬操纵[J].经济研究,2010(11):73-87.

[254] 沈艺峰,李培功.政府限薪令与国有企业高管薪酬,业绩和运气关系的研究[J].中国工业经济,2010(11):130-139.

[255] 石水平.机会不平等下的家族企业成长与融资决策[J].暨南学报（哲学社会科学版）,2013(11):22-33.

[256] 石水平,石本仁.家族控股,终极所有权与企业绩效——来自我国上市公司的经验证据[J].财贸研究,2009(4),110-117.

[257] 苏冬蔚,熊家财.股票流动性,股价信息含量与CEO薪酬契约[J].经济研究,2013(11):56-70.

[258] 苏冬蔚,熊家财.大股东掏空与CEO薪酬契约[J].金融研究,2013(12):167-180.

[259] 苏启林,钟乃雄.民营上市公司控制权形成及其影响研究[J].管理世界,2005(1):131-136.

[260] 苏启林,朱文.上市公司家族控制与企业价值[J].经济研究,2003(8):36-45.

[261] 孙海法,伍晓奕.企业高层管理团队研究的进展[J].管理科学学报,2003,6(4):82-89.

[262] 田利辉,张伟.政治关联影响我国上市公司长期绩效的三大效应[J].经济研究,2013(11):71-86.

[263] 王重鸣,刘学方.高管团队内聚力对家族企业继承绩效影响实证研究[J].管理世界,2007(10):84-98.

[264] 王河森,陈凌,王明琳.亲情原则还是能力取向？——家族上市公司权力配

置机制的实证研究[J].财经论丛,2012(2):104-110.

[265] 王琨,徐艳萍.家族企业高管性质与薪酬研究[J].南开管理评论,2015,18(4):15-25.

[266] 王明琳,陈凌.代理人还是管家——基于双重嵌入视角的家族企业行为及绩效研究[J].中山大学学报(社会科学版),2013,53(2):180-188.

[267] 王明琳,徐萌娜,王河森.利他行为能够降低代理成本吗?——基于家族企业中亲缘利他行为的实证研究[J].经济研究,2014,49(3):144-157.

[268] 王明琳,周生春.控制性家族类型,双重三层委托代理问题与企业价值[J].管理世界,2006,8:83-93.

[269] 王永进,盛丹.政治关联与企业的契约实施环境[J].经济学季刊,2012(4):1193-1218.

[270] 魏春燕,陈磊.家族企业CEO更换过程中的利他主义行为——基于资产减值的研究[J].管理世界,2015(3):137-150.

[271] 魏明海,黄琼宇,程敏英.家族企业关联大股东的治理角色——基于关联交易的视角[J].管理世界,2013(3):133-147.

[272] 魏志华,林亚清,吴育辉,李常青.家族企业研究:一个文献计量分析[J].经济学(季刊),2014,13(1):27-56.

[273] 翁宵暐,王克明,吕长江.家族成员参与管理对IPO抑价率的影响[J].管理世界,2014(1):156-166.

[274] 吴炳德.意愿与能力:家族控制对研发投资的影响[J].研究与发展管理,2016,28(2):63-71.

[275] 吴炯.家族经营权涉入对经理人薪酬业绩敏感度的权变影响[J].财贸研究,2013,24(2):122-128.

[276] 吴炯.家族企业剩余控制权传承的地位、时机与路径——基于海鑫、谢瑞麟和方太的多案例研究[J].中国工业经济,2016(4):110-126.

[277] 奚菁,罗洁婷,张珊等.大圣如何归来——家族企业子女接班人身份构建过程研究[A].陈凌主编:第十届创业与家族企业国际研讨会论文集[C].杭

州,2014.

[278] 夏斌.中国经济改革的行动框架[J].中国金融,2013(4):34 - 37.

[279] 辛清泉,谭伟强.市场化改革,企业业绩与国有企业经理薪酬[J].经济研究,2009,11:68 - 81.

[280] 辛金国,潘小芳,管晓永.家族性因素对家族企业绩效影响的实证研究[J].科研管理,2014(11):118 - 125.

[281] 徐细雄,刘星.创始人权威,控制权配置与家族企业治理转型——基于国美电器"控制权之争"的案例研究[J].中国工业经济,2012 (2):139 - 148.

[282] 许静静.家族企业外聘 CEO 类型,两权分离度与企业特质信息披露 [J].上海财经大学学报,2015(6):90 - 100.

[283] 许静静,吕长江.家族企业高管性质与盈余质量——来自中国上市公司的证据[J].管理世界,2011 (1):112 - 120.

[284] 徐鹏,宁向东.家族化管理会为家族企业创造价值吗? ——以中小板家族上市公司为例[J].科学学与科学技术管理,2011,32(11):144 - 151.

[285] 许世坛.许世坛:深耕东部沿海区域[J].中国房地产业,2014(Z1):130 - 131.

[286] 许永斌,惠男男.家族企业代际传承的情感价值动因分析[J].会计研究,2013(7):77 - 81.

[287] 薛文峰,武志鸿.家族 CEO 和非家族 CEO 薪酬激励差异的实证研究[J].华东经济管理,2009,23(9):127 - 131.

[288] 杨其静.企业成长:政治关联还是能力建设? [J].经济研究,2011(10):54 - 66.

[289] 杨青,陈峰,陈洁.我国上市公司 CEO 薪酬存在"幸运支付"吗——"揩油论"抑或"契约论"[J].金融研究,2014 (4):143 - 157.

[290] 杨青,高铭,Besim Burcin Yurtoglu.董事薪酬、CEO 薪酬与公司业绩——合谋还是共同激励?[J].金融研究,2009(6):111 - 127.

[291] 杨学儒,欧晓明.农业家族企业的持续创业与新农村建设[J].暨南学报

(哲学社会科学版),2013(11):34-45.

[292] 杨学儒,朱沆,李新春.家族企业的权威系统与代际传承[J].管理学报,2009(11):1492-1500.

[293] 杨志强,王华.公司内部薪酬差距、股权集中度与盈余管理行为——基于高管团队内和高管与员工之间薪酬的比较分析[J].会计研究,2014(6):57-65.

[294] 杨志强,石本仁,石水平.不公平厌恶偏好、股权结构与管理层薪酬激励效果——一个实验分析[J].管理科学,2013(4):46-59.

[295] 姚振华,孙海法.高管团队研究:从资源整合到过程整合[J].商业经济与管理,2011(1):26-35.

[296] 叶峰涛.美的集团:"太子"单飞[J].新商务周刊,2013(11):42-42.

[297] 游家兴,徐盼盼,陈淑敏.政治关联、职位壕沟与高管变更——来自中国财务困境上市公司的经验证据[J].金融研究,2010(4):128-143.

[298] 于斌斌.家族企业接班人的胜任—绩效建模——基于越商代际传承的实证分析[J].南开管理评论,2012,15(3):61-71.

[299] 于蔚,汪淼军,金祥荣.政治关联和融资约束:信息效应与资源效应[J].经济研究,2012(9):125-139.

[300] 余胜海,许荣茂:大智者与大冒险家[J].现代商业银行,2009(7):62-64.

[301] 余向前,张正堂,张一力.企业家隐性知识、交接班意愿与家族企业代际传承[J].管理世界,2013(11):77-88.

[302] 余向前.家族企业治理、传承及持续成长:基于温州的实证研究[M].杭州:浙江大学出版社,2010.

[303] 余明桂,李文贵,潘红波.民营化、产权保护与企业风险承担[J].经济研究,2013(9):112-124.

[304] 余明阳.中国家族企业接班的现状、困境与对策研究——基于54家企业的样本分析[J].管理观察,2012,12(5):93-101.

[305] 张佳竹.世茂易帅,意欲转型?[J].房地产世界,2015(3):56-59.

[306] 张建君,李宏伟.私营企业的企业家背景,多元化战略与企业业绩[J].南开管理评论,2007,10(5):12-25.

[307] 张敏,马黎珺,张雯.企业慈善捐赠的政企纽带效应——基于我国上市公司的经验证据[J].管理世界,2013(7):163-171.

[308] 张敏,张胜,王成方等.政治关联与信贷资源配置效率——来自我国民营上市公司的经验证据[J].管理世界,2010,22(11):143-153.

[309] 张祥建,徐晋,徐龙炳.高管精英治理模式能够提升企业绩效吗?——基于社会连带关系调节效应的研究[J].经济研究,2015(3):100-114.

[310] 张远飞,贺小刚,连燕玲."富则思安"吗?——基于中国民营上市公司的实证分析[J].管理世界,2013(7):130-144.

[311] 张正堂.高层管理团队协作需要,薪酬差距和企业绩效:竞赛理论的视角[J].南开管理评论,2007,10(2):4-11.

[312] 赵晶,张书博,祝丽敏.传承人合法性对家族企业战略变革的影响[J].中国工业经济,2015(8):130-144.

[313] 赵峰,马光明.政治关联研究脉络述评与展望[J].经济评论,2011(3):151-160.

[314] 赵宜一,吕长江.亲缘还是利益?——家族企业亲缘关系对薪酬契约的影响[J].会计研究,2015(8):32-40.

[315] 中国民私营经济研究会家族企业研究课题组.中国家族企业发展报告2011[M].北京:中信出版社,2011.

[316] 中国民营经济研究会家族企业委员会.中国家族企业传承报告2015[M].北京:中信出版社,2015.

[317] 朱沆,韩晓燕,黄婷.家族涉入管理与私营企业职业经理的心理所有权——基于"我们"意识的新理论解释术[J].南开管理评论,2015,18(4):4-14.

[318] 朱沆,张威,何轩,林蔚然.家族、市场化与创业企业关系网络的交易成本[J].南开管理评论,2012,15(5):152-160.

[319] 朱建安.家族企业如何不同?为何不同?——基于家族企业特殊性和异质

性的组织类型学分析[J].学术评论,2014(1):46-54.

[320] 朱建安,陈凌.管理理论,中国情境与家族企业研究[J].管理世界,2014(7):168-171.

[321] 朱建安,陈凌.家族企业如何实现基业长青(长)(N).东方早报,2012-7-12.

[322] 朱建安,陈凌.家族企业如何实现基业长青(下)(N).东方早报,2012-7-13.

[323] 朱建安,陈凌,窦军生等.制度环境,家族涉入与企业行为[J].山东社会科学,2015(2):146-152.

[324] 朱建安.晋商遗产嫡庶之争背后[J].董事会,2015(11):90-92.

[325] 朱建安."太子"接班的历史殷鉴[J].董事会,2015(12):106-108.

[326] 朱建安,陈凌,吴炳德.雇亲属还是聘专家:基于控股家族目标异质性的CEO聘任研究[J].外国经济与管理,2016(12):3-18.

[327] 朱建安,陈凌,巩键等.江山靠谁守才不付东流?——控股家族非经济目标与企业经营权释出倾向的实证分析[J].南方经济,2017(8):1-20.

[328] 朱滔.董事薪酬、CEO薪酬与公司未来业绩:监督还是合谋?[J].会计研究,2015(8):5-49.

索引

167

图书在版编目（CIP）数据

选谁接班？：控股家族目标驱动下的中国民企经营
接班人选研究 / 朱建安著. —杭州：浙江大学出版社，
2017.12
ISBN 978-7-308-17276-9

Ⅰ.①选… Ⅱ.①朱… Ⅲ.①民营企业—企业经营管
理—研究—中国 Ⅳ.①F279.245

中国版本图书馆 CIP 数据核字(2017)第 196773 号

选谁接班？

——控股家族目标驱动下的中国民企经营接班人选研究

朱建安　著

责任编辑	周卫群
责任校对	杨利军　韦丽娟
封面设计	周　灵
出版发行	浙江大学出版社
	（杭州市天目山路 148 号　邮政编码 310007）
	（网址:http://www.zjupress.com）
排　版	杭州中大图文设计有限公司
印　刷	浙江省临安市曙光印务有限公司
开　本	710mm×1000mm　1/16
印　张	12
字　数	202 千
版印次	2017 年 12 月第 1 版　2017 年 12 月第 1 次印刷
书　号	ISBN 978-7-308-17276-9
定　价	39.00 元